현대신서
47

이성의 한가운데에서
이성과 신앙

알랭 퀴노

최은영 옮김

東文選

이성의 한가운데에서

Alain Cugno
AU CŒUR DE LA RAISON
Raison et foi

© 1999, Éditions du Seuil

This edition was published by arrangement
with Éditions du Seuil, Paris
through Bestun Korea Literary Agency, Seoul

겉으로 보기에 현세는 반종교적인 움직임에서 형성되었다. 인간은 그 자체로도 충분하다. 믿음은 이성으로 대체되었다. 현세대와 이전의 두 세대는 신앙과 과학간의 대립에 대해서만 이야기하였다. 그러므로 과학이 신앙을 대신하도록 요구되는 시기처럼 보였을 것이다.

그런데 긴장 관계의 시간이 길어짐에 따라 갈등은 매우 다른 형식으로, 즉 제거나 이원성이 아닌 균형을 이룬 통합된 모습으로 명백히 해결되어야만 하는 것처럼 나타났다. 두 세기에 걸친 격렬한 대립이 있은 뒤에도 과학과 종교는 서로의 힘을 약화시키지 못했다. 오히려 그 반대로, 과학과 신앙은 상대가 없이 홀로는 정상적으로 발전할 수 없었을 것이라는 점이 명백해졌다. 이는 과학과 신앙이 똑같은 생을 가지고 있다는 단순한 이유에서 이들 모두에게 생기를 불어넣어 주고 있다. 사실 과학은 신비주의적 색채를 띠지 않고 신앙을 책임지지 않은 채 과학적 비약에 있어서, 과학적 구성에 있어서 그 한계에까지 이를 수 없을 것이다. 우선 과학적 비약의 측면을 보자. 우리는 행동의 문제를 다루면서 이 점을 언급해 왔다. 인간은 과학적 비약을 하려는 열정적인 관심을 가지고 있을 경우에만 꾸준히 이를 연구하고 탐구하려 할 것이다. 그때 이런 관심은 우주의 삼라만상이 의미를 지니고 있다는 확신, 의미를 지닐 수 있다는 확신에 의한 것이다. 또는 우리가 신자인 경우 그것은 어떤 절대적인 존재로 귀착될 것이라는 확신에 찬 신념에 의한 것으로, 과학적으로 엄밀히 증명할 수는 없다. 그것은 진보된 신앙이다. 다음은 그 구성의 측면을 보자. 우리는 인간과 인간 사회에 대해 과학적으로 거의 무한한 발전이 있었음을 생각해 볼 수 있다. 그러나 그것이 실제적으로 우리의 꿈을 구체적으로 실현시키는 것과 관련이 되면, (우리가 부분적으로는 이성을 초월한 직관으로 우리가 속해 있는 이 세상의 소유물들을 인정해 주지 않을 경우) 그 문제는 결론을 보지 못한 상태로, 또는 해결할 수조차 없는 상태로 남게 됨을 우리는 확인하였다. 그것은 단위로서의 신앙이다.

더욱이 만약 현상들의 압력으로 통합에 대한 낙관론적인 입장을 가질 경우, 우리는 우리를 앞으로 나아가도록 부추기기 위해 필요로 하는 도약과 우리의 행보를 고정시키는 개별적인 목적말고도, 우리의 삶을 왜곡시키지도 않고 단축시키지도 않으면서 근본적으로 우리의 삶을 결합해 줄 특별한 정신적 유대나 탄성을 찾아야만 하는 필요성을 객관적으로 느끼게 될 것이다. 그것은 즉 인간의 마음을 가장 매혹시키고 있는 중심으로서의 신앙이다. 결국 분석적 연구 조사의 사전적인 하위 단계를 거쳐서 과학이 미래와 우주를 미리 준비하고 연구해야 하는 안내자라 판명이 되면, 과학은 통합을 이루게 된다——그 통합은 인류의 어떤 상위 단계를 실현시키는 데 자연스럽게 이루어지는 절정의 통합이다——동시에 그것은 과학 그 자체를 능가해 버렸기에 특권의 대상으로, 그리고 숭배의 대상으로 두각을 나타내고 있다

그러기에 르낭과 19세기는 과학과 종교에 대해 이야기할 때, 이 둘을 혼동하지 않았다. 그들의 실수는, 인류에 대한 그들의 숭배가 그들이 벗어났다고 생각했던 정신적 힘 자체를 쇄신된 모습으로 함축하고 있었음을 이해하지 못한 데 있었다.

테야르 드 샤르댕, 《인간 현상》, 쇠이유, 1955.

차례

서문 9
서론 11

이성과 신앙은 언사에 속한다

1. 추론 19
우리는 감히 표현들 사이에 있는 모든 것을 말한다
밝고 명료한 이성
눈에 보이지 않는 어두운 신앙

2. 이성의 샘에서 29
근본적인 문제
문제의 관점을 바꾸는 과학

3. 신학 아니면 해석 신앙 39
근본적인 문제를 적용하고 있는 종교
근본적인 문제에 대한 신학과 언어
신앙의 행위

이성의 저편에 있는 신앙

4. 환영 49
실증주의와 신앙 절대주의
과학적이지 못해 고심하는 철학
신학적 부정
은밀한 철학
맹목적인 신학

5. 믿을 수 있는 이성 59
개 시
믿을 수 있는 이성
신앙을 포함하고 있는 이성

6. 이성을 느낄 수 있는 신앙 69
표 현
합리성
교 차

■ 이성의 한가운데에서

7. 신앙은 숨김이 없는 이성이다 81
이성은 어둠을 밝게 비출 수 없다
낮보다 더 빛을 발하는 신비한 어둠
신의 기쁨
존재의 이유

8. 확실한 것들 89
불확실한 광신
확실한 것이 자유롭게 해준다

인명 약전 97
원 주 108

서문

이성과 신앙은 어떤 관계인가? 이 질문은 언제나 제기할 수 있는 것이다. 우리는 왜 그런 질문을 제기하는지 그 이유를 알 필요가 있다. 그 질문을 오늘날에는 왜 제기하며, 철학적으로 무슨 이유에서 제기하는가? 내가 보기에 그것은 두 가지 절박한 이유에서이다. 그 첫번째 이유는 종교와 관련이 있다. 종교의 입지는 매우 모호해졌다. 한편으로, 종교는 끔찍한 상황에 처했을 때 빈번하게도 종교와는 완전히 별개의 것이라고 생각했던 정치적 힘을 가지고 있다. 다른 한편으로 종교는 또 다른 상황에서는 상당한 무관심을 보이고 있다. 종교가 가지고 있는 그 어떤 면도 결정적으로 우리의 관심을 불러일으키지는 못했다. 그렇다면 우리는 누구에게 마음을 줄 것인가? 누가 우리에게 이 세상에서 중요한 것이 무엇인지를 냉철하게 말해 줄 수 있을까? 과학도 이상적인 낙원도 우스꽝스럽게 되지 않고서는 그렇게 많이 발전할 수 없을 것이다. 머시아 엘리아데는 매우 아름다운 이야기를 하였다. 어부의 왕국에서는 모든 이가 잘 지내지 못하고 있었다. 파르시팔이 "성배(聖杯)는 어디에 있습니까?" 다시 말해 "세상의 중심은 어디입니까? 본질적인 것은 어디에 있습니까?"라는 질문을 감히 제기하던 날까지. 이런 의문이 제기되자 곧 사람들은 변화해 생기를 되찾았다. "세상이 멸하였던 것은 철학적·종교적 무관심 때문에, 즉 현실 세계에 대한 욕구 부재와 상상력 부족 때문이었다."[1] 자신의 인생에서 성배에 대한 질문을 가끔씩 제기하는 것은 바람직하다.

그 질문은 '어떤 종교?'를 가지고 있느냐고 묻는 것이 아니라, 다만 '어떤 신앙'을 가지고 있는지를 묻고 있다. 진정 당신은 무엇을 믿고 있는가? 생을 위해 무엇을 기대하고 있는가?

  두번째 절박한 이유는 철학자들의 작업과 관련이 있다. 철학은 이성의 사용으로 이루어지는 것이다. 이성은 누구나 좀더 선명하고 현실적인 세상에서 살 수 있도록 하기 위해 질문을 제기하는 사명을 띠고 있다. 그러나 우리는 그것에 속지 않는다. 다시 말해 예리한 질문을 가능케 해주는 것, 그것은 바로 질문에 답하는 우리의 대답들이다. 그렇지만 철학은 매우 심오한 것이다. 철학자들은 철학의 역사에, 아포리아에 빠져 있다. 경솔하지만 위험을 무릅쓰고 질문에 대답하고, 그 질문에 관해 이야기할 필요가 있다. 그것이 바로 사고의 자유를 구속하기보다는 반대로 사고에 더 큰 자율성을 부여해 줌으로써 완전히 주장할 수 있도록 해주는 이성과 (그것은 적어도 내가 옹호하길 바랐던 신념이다) 신앙의 상관 관계의 본질이다.

서론

 모든 것은 명증성으로부터 시작된다. 다시 말해 무엇인가가 있거나 아니면 아무것도 없다는 것이다. 어떤 것은 모습을 드러내 자신을 보여 주며 투명하게 드러내 보인다. 우리는 그 모습을 버리지 못하며, 결코 그 모습을 잊을 수 없을 것이다. 무언가 있다는 것, 아무것도 없다는 것은 불가능하며 이는 생각할 수 없다는 것, 그것은 그래도 괜찮다. 한 마디 말도 없이, 아주 자그마한 이해도 하지 못한 채 그리고 모든 것이 명백하게 드러난 상태에서, 나는 그 누구도 측정하지 않을 시간을 통해 끝없이 흘러갈 세상을 상상해 볼 수 있다. 그러나 문제는 그것이 아니다. 인식은 도처에서 일어나고 있으며, 이미 모든 동물의 눈에서도 일어나고 있다. 무엇인가는 존재할 뿐 아니라 쉬지 않고 활동을 한다. 무엇인가는 자신의 모습을 나타내고 있다. 즉 이런 명증성은 명증성들 중에서 가장 오래 된 것이다. 어쩌면 그 명증성은 유일한 명증성일 수 있으며, 다른 모든 명증성의 모체일 수 있다. 그러기에 바로 그 명증성이 아닌 다른 것들은 그 어느것도 또 다른 명증성에 대해 최소한의 개념을 줄 수 없을 것이다.

 그러나 정신을 더욱 어지럽게 하는 것이 있다. 무언가가 나타남과 동시에 모든 객관적인 인식을 하는 사람도 모습을 드러낸다는 것이다. 그것은 바로 **나**다. 무언가가 눈에 띄게 모습을 나타내고 있다는 것을 아는 것은 **나뿐**이다. 왜냐하면 누군가에게, 즉 **어떤 자아**에게 모습을 드러낸 것은 아닐지라도 무엇인가 모습을 드러내고 있기 때문이다. 그렇기 때문에 나는 **나** 자신을 통하지 않고서도 그것이 하나의 자아인지를 알 수 있는 것일까? 내가 처음으로 대낮의 밝은 빛을 보았던 그 빛 그대로, 대낮의 빛은 눈에 보였을 뿐만 아니라 더욱이 누군가를, 그러니까 자기 자신을 차츰 인식하고 있었던 나 자신의 모습을 서서히 보이게끔 해주었다.

그 누구도 마찬가지라 생각한다. 지구상에서 수없이 반복되는 신비로움은 그리 중요하지 않다. 그러나 그것은 바로 **나**다. 우리가 **나**를 말하는 다수라는 것이 사실이라면, 즉 유일한 존재에 대해 모든 위험을 감수해야 하는 다수라는 것이 사실이라면, 이런 사실은 또 다른 많은 존재들도 우리와 똑같은 발견을 하고 있다는 것을 의미한다. 다시 말해 또 다른 존재들은 또 다른 **나**이며, 그들은 그들대로 **존재하고 있다**는 것이다. 우리는 그 존재들이 그 어떤 다른 것으로도 대체될 수 없는 존재로, 단 하나뿐인 존재들이라고 생각하고 있다. 그러나 그것은 거의 언급되지 않고 있다. 그 어떤 것도, 하찮은 조약돌 하나도 이 세상에서는 단 하나뿐인 유일한 것이며 둘도 없는 소중한 것이다. 가장 경이로운 것, 그것은 바로 **내**가 우주 전체를 포함할 수 있는 내면의 통찰력을 펼치도록 길을 열어준다는 것이다. **자신의 모습을 드러내는 모든 것은 어떤 나에게만 모습을 드러낼 수 있다.** 그리고 상당수의 내가 있다는 것, 이는 불가사의한 수수께끼를 증폭시킬 뿐이다.

누구도 자기 자신이 존재한다는 것에 대해서는 놀라지 않았잖은가? 그리고 이런 놀라움과 전혀 다른 놀라움이 있다고 누가 주장할 수 있겠는가?

우리는 어떤 공통의 장을 만나게 된다. 중요한 것은 두려움이며, 그것은 무언가가 내 앞에 나타날 때 갑자기 돌발적으로 생기는 두려움으로 또한 죽음 앞에서 느끼는 두려움이다. 그러나 죽음은 이상야릇한 입장을 취하고 있다. 사람들은 엄밀히 따져 보면 우리가 아무것도 이해하고 있지 못한 죽음에 대한 경험을 한없이 경탄해 할 것이다. 사람들은 우리가 언젠가는 죽게 될 것이라는 확실성에 대해 가능한 모든 분석을 해보았다. 그러나 우리는 진정으로 그 명제를 진지하게 받아들일 수 없으며, 실제로 그 사실을 믿을 수 없다. 이 점에 대해서 우리는 상상만 할 수 있다. 모든 논증은 바로 이 점에서 그 당위성을 잃고 있다. 영혼 불멸에 대한 논증은 상당 수 있다. 그리고 그 논증은 매우 설득력이 있다. 그러나 죽음이 사라짐이라는 것이 사실이라면, 그렇다면 죽음은 소멸되어 무(無)로 되돌아갈 것이며, 무(無)는 근본적으로 상상될 수 없는 것으로 사고가 불가능한 것일 수 있다. 죽음(현실)은 우리들이 제시하고 있는 일련의 논증들을 완전히 해체시킬 수 있다. 게다가 죽음은 논거를 제시하지 않는다. 이에 이성은 장애에 직면하게 된다.

 현상들을 통해 모순되기는 하나 그만큼 또한 매우 설득력 있는 어떤 불가능성이 하나 있다. 다시 말해 무언가가 자신의 모습을 나타내고 있었기 때문에, 내가 태어나기 이전에 나는 존재하지 않았을 것이라는 것이 불가능하다는 것이다. 출생에 대한 의문은 죽음에 대한 의문만큼이나 신비롭다. 새로운 누군가의 출현을 생각한다는 것은 그의 소멸을 생각하는 것만큼이나 대단히 힘든 일이다. 내가 실존하지 않았다는 것을 이해할 수 있을까? 나는 내 실존에 대한 표현 외에는 그 어떤 표현도 하고 있지 않은데, 내가 실존하지 않았을 것이라는 사실을 어떻게 상상할 수 있을까? 어떤 사고가, 어떤 이유가 이런 사실을 생각할 수 있게 해줄 수 있을 것인가? 다시 한 번 상상력은 마음껏 날개를 펼칠 것이며, 상상력은 우리가 그 어떤 윤회도 알고 있지 못하다는 것을 제기할 것이다. 플라톤조차도 상상력의 도움을 받았다. 따라서 당시의 사람들은 본질적인 것에 대해 생각했으며, 논의했던 주제도 지금의 주제와 똑같은 성질의 것은 아니었다.

나 아닌 다른 존재들이 실존했었고 태어났으며 그리고 죽었다. 어느 날인가 나는 17세기 삽화를, 즉 〈도핀 부인의 정원 투시도〉를 보면서 무엇이 문제였는지를 진실로 이해하게 되었다. "우리는 그 투시도에서 베르사유 궁에 있는 산책로와 사슴 분수를 위한 큰 공간을 발견했다." 정원에는 궁신들이 있었다. 삽화의 오른쪽에는 두 궁신이 삽화상 가장 중요한 위치에 자리하고 있음에도 불구하고 매우 작게 그려져 있었다. 그리고 그 둘은 서로 이야기를 나누고 있었으며, 그들의 그림자는 땅과 평행을 이루고 있었다. 나는 갑자기 루이 14세의 궁신들 중 최소한 두 명은 **정말로** 태양의 열기를 피부로 느꼈었다는 사실을 명백하게 깨달았으며, 그리고 그들이 태양의 열기를 많이 느꼈어도 그들에게 남는 것은 **아무것도 없다**는 사실을 정확히 이해하게 되었다. 동시에 "**어떤 유형의 추론이 이런 직감을 사로잡을 수 있는가?**"라는 질문에 대답하려는 격렬한 욕구가 내 마음속에서 일어났다. 두 궁신들은 **실존했었다.** 그러나 이 표현은 모순이다. 왜냐하면 결국 존재한다는 것은 현존하는 것이기 때문이다. 그런데 만약 내가 그들이 지금은 더 이상 존재하지 않으나(모든 가설 속에서, 이는 명백한 사실이다) **존재했었다고** 이야기한다면, 본질적인 것은 빼고 말하는 것이 된다. 그렇다면 어떻게 이런 모순을 극복할 수 있을까?

우리가 제기할 수밖에 없는 이 질문은 너무도 심오하고 어려운 것이기에 놀라움 속에서 그 문제를 깊이 생각해 볼 필요가 있다. 이상하게도 근본적인 명증성은 여러 가지 의무 사항들을 가지고 있다. 명증성은 잠자코 있을 수 없으며, 부지런히 활동을 해 자신을 누르고 있는 중압감으로부터 벗어나야만 한다. 명증성과 동시에 생기는 불안감은 어떻게 책임질 수 있을까? 현재 우리는 살아가고 있다. 만약 우리가 무엇인가를 한다면, 만약 서로 이야기를 한다면, 그리고 만약 우리가 살아갈 의욕, 먹으려는 의욕, 웃으려는 의욕, 눈물을 흘리려는 의욕 또한 가지고 있다면, 이는 근본적인 놀라움에 관해서 일종의 설명이 요구되기 때문이며, 근본적인 놀라움에 뒤따랐던 것이 무엇인지 설명이 요구되기 때문일 것이다. 그래서 우리는 이런 중압감을 뒤로 미루거나, 이런 요구에 대응하기 위해 일련의 전략들을 생각해 냈다. 우리가 찾아낸 해결책들은 아주 보잘것 없다. 그렇다고 위대한 공적들에 비해 우리의 보잘것 없는 해결책들을 경시해야 할 이유는 없다. 왜냐하면 예술은 염려하고 있는 것에 대한 하나의 대답이기 때문이다. 그러나 예술은 본질적인 명증성을 가볍게 표현한 것이다. 예술은 본질적인 명증성을 깊이 생각하게 하며, 이를 깊이 연구하고 있다. 어쩌면 예술은 비교할 수 없을 만큼 탁월한 방식으로 본질적인 명증성에 대답을 하고 있는지도 모른다. 그러나 예술이 명증성에 직접적으로 직면하고 있는 것은 아니다.

그렇기 때문에 우리는 본래의 명증성과 그 명증성의 놀라운 결과물들에 직면할 수 있을 언어, 명증성에서 어떤 진리를 생성해 낼 수 있을 언어, 그러한 언어 사용의 필요성을 마음속으로 느끼고 있다. 우리는 그런 언어 사용이 우리의 행복 및 안녕과 관련이 있다고 예감하고 있다. 우리의 문화 속에서는 현재 이런 요구에 부응해 나타난 세 가지 추론이 있다. 철학·과학 그리고 종교가 그것이다. 철학과 과학은 이성과 관련이 있으며, 종교는 신앙과 관련이 있다.

이성과 신앙은 언사에 속한다

1
추론

많은 정의가 필요하다. 사람들은 신앙이 믿음을 낳고, 반면 이성은 지식을 낳는다고 생각한다. 이성은 인간의 유일한 힘을 통해, 데카르트가 자연적 진리라고 칭한 유일한 진리를 인식할 수 있는 인간의 능력이다. 신앙은 자연적 진리에 의해서도 비추어지지 않았던 것을 지지할 수 있는 인간이 가진 능력이다.

사실 무엇과 관련되어 있는지를 엄밀하게 따져 이야기한다는 것은 그리 쉽지 않다. 서로 다른 지식들이 얼마나 많으며, 이를 믿는 방식 또한 얼마나 많고 많은가!

우리가 생각하고 믿으면서 행동하고 있는 것을 진실로 이해하고 싶다면, 그리고 이성과 신앙이 우리가 기대하고 있는 요구 사항들을 감당할 수 있는지를 알고 싶다면, 이성과 신앙이 **표출되도록** 요구해야만 하며, 이성과 신앙이 가지고 있는 인상과는 별개로 그 모습을 드러내도록 요구해야만 한다.

그런데 이성과 신앙은 주관적인 방식으로가 아니라 객관적인 방식으로 각자의 활동 영역을 가지고 있다. 사실 무엇보다도 각각의 이성과 신앙은 현자, 즉 철학자나 신자(信者)에 의해 논해지는 하나의 추론이다. 이성과 신앙은 표현을 하고 있다. 갈릴레이가 물체의 낙하 법칙을 설명할 때 공식 $e = 1/2 gt^2$를 제시하고 있는 반면, 철학자인 아리스토텔레스는 무게를 지닌 사물은 낮은 곳으로——우리 신체의 위치와 비교했을 때 상대적으로 낮은 곳이 아닌 절대적으로 낮은 곳으로——내려가려는 성질이 있다고 쓰고 있다.[2] 아리스토텔레스가 땅이 단지 상대적으로 낮은 곳에 위치하고 있음을 모르고 있었기 때문이 아니었다. 그는 완전히 다른 것, 즉 절대 방향에 대해서 이야기를 한 것이다. 그 절대 방향은 그의 철학의 나머지 부분과도 연관되어 있는 것으로, 만약 아리스토텔레스가 상대 방향을 알고 있었다면, 과학의 방향인 상대 방향에 의미를 부여했었을 그런 방향이다. 성서에 의하면 절대 방향으로의 추락이 있을 때, 절대 방향은 그 추락 속에서 죄와 불행에 대해 애써 생각하고 있는 것에 대한 은유적인 표현을 즉각적으로 보여 주고 있다. 표현법은 완전히 다르다.

우리는 감히 표현들 사이에 있는 모든 것을 말한다

지극히 간단한 방식으로 사물들을 취할 필요가 있다. 하나의 추론은 여러 명제들의 연쇄이다. 사람들은 처음에 하나를 말하고, 그리고 나서 다른 또 하나를, 그리고 또 다른 하나를 말한다. 그리고 이들을 연결해서 발음하는 것은 이해되거나 이해될 수 없는, 다시 말해 입증될 수 있거나 혹은 입증될 수 없는 의미를 생성해 내는 행위이다. 이 연쇄는 또 다른 명제들을 통해서 설명되어지고, 명제들을 끝없이 연결시켜 준다. 내가 한 말은(예를 들어 "몇 시죠?") 관련 있는 또 다른 문장을("19시 20분인데요.") 생성해 내도록 어떤 의미를 제공하며, 그리고 이렇게 생성된 문장은 또 다른 문장을 생성해야 할 차례가 됐을 때 타당성이 있는 일련의 새로운 명제들과("실제로 시간이 지루하게 천천히 흘러가고 있다" 등등) **항상 연결되어 있을 것이라는 바가 이를 입증하고 있다. 이런 입증은 내**

게도 마찬가지로 적용된다.

추론을 규정짓고 있는 것은 무엇인가? 무엇이 말을 할 수 있도록 해주며, 비평하고 논할 수 있도록, 즉 이해할 수(또는 혼동할 수) 있도록 해주는 것일까? 명제들은 아니다. 소리의 연쇄 작용과 마찬가지로, 명제들은 그 자체만으로는 이해될 수 없다. (우리가 모르고 있는 외국어들이 이를 증명해 준다. 즉 외국어의 표현들은 습득되지 않는 한, 다시 말해 우리가 외국어를 습득해 우리의 언어 범주로 포함시키지 않는 한 외국어의 소리들은 우리에게 어떤 의미도 제공하지 못한다는 것이다.) 이해할 수 있도록 해주는 것, 그것은 분명 연쇄가 지닌 특질, 즉 어떤 단어는 어떤 단어 뒤에 온다는 현상이다. 우리는 명제들보다는 이들을 연결시켜 주고 있는 움직임을 보다 더 잘 이해하고 있다. 근본적으로 현자가 된다는 것, 즉 철학자나 신자가 된다는 것, 그것은 논의되고 있는 추론의 본질을 즉각적으로 인식하게 해주는 화법의 언어학적 제스처들을 연결시킬 수 있다는 것이다. (적어도 언어학적 제스처를 이해할 줄 아는 사람들에겐 그러하다. 왜냐하면 유일하게 또 다른 추론이 만들어 낼 수 있는 것을 그 추론 속에서 얻기를 기대하면서, 하나의 추론에 귀를 기울이고 잘못 생각할 가능성이 있기 때문이다.)

내가 말을 할 수 있다면, 그것은 내가 해야 할 말을 **이해하고** 있기 때문이다. 확실히 나는 해야 할 말을 함으로써 내가 말하려는 것을 실제로 이해할 수 있게 될 것이다. 헤겔은 이를 다음의 유명한 표현으로 쓰고 있다. "우리의 생각은 바로 표현 속에서 이루어지고 있다."[3] 그러나 만약 내가 **할** 말이 있다면, 그것은 내가 발음한 표현들이 어떤 미래를 가지고 있기 때문일 것이다. 그 표현들은 내 기대에 부응할 것이기 때문에 또 다른 표현들이 계속해서 뒤따라 나올 것임을 확신하고 있는 나의 내적인 신념을 증명하고 있다. 그리고 나의 기대는 조금도 모호한 기대가 아니라 단호한 기대였으며, 그것은 곧 내가 이야기해야만 했던 것, 즉 나의 사고가 치장을 하는 형식이다.

이해를 하는 것도 마찬가지이다. 대화 상대자가 말을 했을 때, 그 대화 상대자가 차례대로 발현한 표현들이 내 마음속에서 바라고 있는 기대에 상응하는 것일 경우, 나는 사람들이 내게 이야기하는 것을 즉각적으로 이해한다. 그 바람은 바로 내가 가지고 있는 관심이다. 그것은 내가 마음속으로 이해한 것의 현존이다. 그 현존은 나의 대화 상대자가 '머릿속에' 가지고 있던 것의 현존은 정확히 아니며——왜냐하면 그것이 나를 놀라게 할 수도, 분개시킬 수도…… 있기 때문에——대화 상대자가 머릿속에 가지고 있던 현존에 대해 내가 이해하고 있는 부분의 현존이다. 만약 내가 더 이상은 이해하지 못하고 있다면, 그때 발현될 표현들은 특별한 기대, 그러니까 특별히 비어 있는 공백과는 관련될 수 없을 것이나, 그러나 분화되지 않은 기대와는 관련될 수 있을 것이다. 그리고 분화되지 않은 기대는 사람들이 아주 작은 거슬림도, 즉 **특별한 기대**를 마음속으로 조금도 가지고 있지 않은 상태에서도 또한 오랫동안 말할 수 있다는 것을 경악하며 바라보도록 할 수 있다. 추론의 문체를 식별하는 것도 바로 단호한 기대들이다. 그러므로 그 기대들은 이성에 속하거나 신앙에 속하거나, 또는 시에 또는 다른 것들에 소속되어 있다. 또한 이런 기대들은 이해를 돕고 있다. 내가 처음 《미노스와 파지파에의 딸》을 읽었을 때, 나는 무슨 이야기가 계속해서 전개될 것인지 정말 몰랐다. 그러나 나는 호적 등본을 읽고 있는 것이 아니라 라신의 희곡을 읽고 있는 중이었기 때문에, 시적으로 이해할 수 있는 어떤 또 다른 12음절 시구를 예상할 수 있었다.

따라서 추론 속에 담겨져 있는 사고의 대부분은 표현이 전개되는 **가운데**, 빈 공간 속에서, 공백 속에서, 즉 추론의 **부정** 속에서 형성된다. 왜냐하면 적어도 언어와 관련해, 그런 점들이 우리가 놀라워하는 경이로운 부분들이기 때문이다. 즉 **모든 것은** 명제가 큰 소리로 이야기된 뒤와, 그 다음의 명제가 이야기되기 전 사이에 존재하는 시간적 간격 속에서 일어나고 있다. 그리고 두 명제간의 간격 속에서 하나의 명제가 말하고 있는 바를, 즉 다음 명제가 **결여**된 상태에 있음을 이해하게 된다. 그리고 우리는 지상에 현존하고 있는 우리들의 존재에 의해 제기된 근본적인 수수께끼에 대한 답변을 추론들이 하고 있기를 기대하며, 그리고 우리의 출생 이래로 계속해서 우리의 정신을 일깨워 주었던 근본적인 문제에 추론들이 답하기를 바라기 때문에, 우리는 단지 표현들만을 바라고 있지 않다. 아니 오히려 우리는 우리의 바람의 깊이를 들추어 낼 수 있을 사건을, 그리고 이런 폭로를 통해 그 깊이를 충족시킬 수 있을 사건을 바라고 있는 것처럼 표현들을 기다리고 있다. 여기서 언술과 행동은 매우 밀접한 관계를 유지하고 있으며, 이론적 추론들은 자신들의 실제적 가치를 언술과 행동의 관계 속에서 책임지고 있다. 우리는 바로 이 두 단어 사이에서, 어떤 불안함을 바탕으로 실존하고 있는 우리의 존재에 대한 모든 의미를 감히 이야기하고 있다.

만약 신앙에 대한 추론과 이성에 대한 추론을 명확히 구분짓기를 원한다면, 확인해야 할 필요가 있는 것은 바로 추론들의 빈 공간들과 그것들의 공백, 그리고 추론들의 연쇄 작용에 바라고 있는 기대감들이다. 그 점에서 우리는 추론들이 자신들의 임무를——그것이 곧 우리의 임무이다——어떻게 수행하고 있는지를 평가할 기회를 가지게 될 것이다.

밝고 명료한 이성

다른 모든 추론들과 마찬가지로 합리적인 추론은 긍정적인 측면과 부정적인 측면을 가지고 있다. 긍정적인 측면은, 다시 말해 사람들이 원한다면 실제적으로 명시되고 명확하게 나타나는 명제들을 종이 위에 적을 수 있다는 것이며(예를 들어 $T = 2\pi\sqrt{I/K}$), 부정적인 측면은 숨겨지고 함축적인 측면으로서 명확하게 드러나는 명제들의 연쇄 작용을 가능하도록 해주는 것이다. 그리고 부정적인 측면은 보다 분명한 식이 없이도 명확히 나타나는 공식 속에서 진자 운동에 대한 식을 인지하는 물리학자의 '머릿속에' 있는 것이다. 우리가 이해하려고 애쓸 때, 또는 말을 하려고 애쓸 때 근거로 삼는 것이 바로 이런 측면이다. 우리는 그것을 추론의 **깊이**라 부른다. 사실 텍스트가 깊이가 있다고 말할 때 그것은 바로 우리가 목표로 삼고 있는 것이다. 텍스트를 실행하기 위해서는 많은 관심을 가져야만 하며, 그것이 어떻게 이야기될 수 있는지를 이해하기 위해서는 많은 경험을 필요로 하기 때문이다. 그것은 사실 현학적인 문장들이며, 과학적인 문구들이다. 예를 들어 깊이 있는 정리(定理)는 기하학의 정리이다. 하나의 정리가 타당한 것인지를 파악하기 위해서는 기하학에 대해 우리가 알고 있는 모든 것을 기대해 볼 필요가 있는 것과 마찬가지이다.

그런데 합리적인 추론은 깊이를 가진 추론이 아니라, 매순간 그 깊이를 제거하고 깊이의 숨겨진 면을 드러내 그 깊이를 표현할 수 있는 그런 추론이다. 우리는 합리적인 추론이 지닌 함축적인 일면이 명시적이 될 수 있을 것이라는 가능성에 (암묵적으로) 기대를 걸고 있는 합리적인 추론을 받아들이고 있다. 그래서 수학의 범례를 설정하기 위해, 정리(定理)에 대한 모든 진술 이면에 그것의 타당성을 인정하는 명확한 모든 규칙들이 자리하고 있는 것이다. 우리는 대수 공식이 어떻게 얻어졌는지 완벽하게 이야기할 수 있다. 공식의 가정 전체와 도형의 규칙을 설명하는 것으로 충분하다. 그러기에 합리적인 추론은 존재하며, 따라서 추론 속에서 명시되지 않는 것을 분명하게 명시할 수 있다. 다시 말해 합리적인 추론은 좀더 은밀하게 숨겨지고 감춰진 사고——예를 들어 어떤 진술을 시적으로 만들기 위해 어떻게 처신해야 하는지를 보여 줄 수 있는 시의 사고처럼——그런 흐릿한 사고에 대조시킬 수 있는, **밝게 명시되는** 눈에 보이는 사고이다.

이성은 햇빛처럼 분명하고 선명하게 명증성에 대해 표현하고 있다. 그것은 언제나 확인 가능함을 전제로 하고 있다. 이성은 자신을 표현하기 위해 제공하고 있는 것과 자유 분방하게 자신을 표현하고 있는 것을 또다시 **어떻게** 실행시키고 있는지를 구분하고 있다. 이성이 인간의 정신에 행사한 필연성, 즉 강압은 긍정적인 측면을 명확히 해주었던 부정적인 측면에 대해서도 똑같은 논증들을 완전히 다시 하고 있기 때문에, 이성이 행했던 것을 다시 행하려는 모든 인간들에게 그것은 자유 의지에 달려 있다. 수학자의 논증이 있은 뒤에서야 그 논증을 다시 했기 때문에 나는 수학자와 똑같은 정신 활동을 실행하고 있다고 확신한다.

눈에 보이지 않는 어두운 신앙

신앙과 관련해서는 사정이 완전히 다르다. 상황은 대칭적으로 뒤집어져 있다. 모든 추론 중에서 신앙은 가장 깊이가 있고 심오하다. "주는 그리스도시요, 살아 계신 하나님의 아들이시니이다"[4]라는 문장처럼, 하나의 식이 갖는 논리적 타당성이 어떻게 성립되는지를 완벽하게 설명한다는 것은 절대 불가능할 것이다. 베드로는 이를 이야기할 때, 그 어떤 보장도 없이 신앙이 지니고 있는 어둠 속에서 결심을 하였다. 그렇기 때문에 "바요나 시몬아, 네가 복이 있도다!"[5]라는 그의 선언은 신앙에 대한 진정한 행위로 여겨지고 있다. 분명하게 이야기되는 긍정적인 측면은 함축적인 것, 은밀하게 숨겨져 있는 것, 은밀한 것보다는 덜 의미가 있다. 물론 그렇기 때문에 이성에 있어서 **생생한 것**은 바로 부정적인 측면이다. 그러나 표현들 사이에 자리하고 있고, 그리고 그 표현들을 연결시켜 줄 수 있는 부정적인 측면이 혼자서는 명확하게 드러날 수 없을 것이라는 점, 그것이 바로 신앙의 본질이다. 신앙은 자신이 할 수 있는 명확한 추론의 빛이 미치지 않는 범위에서는, 눈에 보이지 않는 자신의 어두운 본질 상태 그대로 영원히 자리하고 있을 것이다.

신앙은 모든 확인 가능한 것을 제외하고는 자기 본래의 명증성으로 나타난다. 그러나 신앙은 **말하고 있다.** 말하고자 하는 것——그것은 심오함이며, 이는 신앙 자체를 벗어나지 못하며, 깊이 그 자체가 아닌 그 어떤 또 다른 진술의 공간이 없이도 이해되는 것이다——을 표현하는 것으로 만족해하는 시처럼 신앙은 그렇게는 말하지 않는다. "그리고 신 레몬에 너의 이빨 자국을 남겼었다"[6]라는 이 시구를, 누가 다른 곳에서 다르게 말하기 위해 시가 아닌 모습으로 이 시구를 끄집어 낼 수 있겠는가?[7] 신앙, 그것은 시적인 표현과는 별개로 이해될 것이다. 그것은 밤의 **추론**이다. 그 추론은 애매모호한 특성을 지니고 있기 때문에 명백하게 밝혀질 수 없을 것이라는 바를 잘 알고 있지만, 그래도 낮으로 향해 가려고 노력하는 추론이다. 신앙은 말하는 방식을 이성에서 빌려 오고 있다. 다시 말해 신앙은 이성과 똑같은 표현을 하고 있으며, 표현하려는 방식 또한 이성과 똑같은 방식을 취하고 있다. 그래서 신앙은 밝고 명료하게 눈에 보이는 언어, 즉 이성의 언어로 말을 하는 추론이다. 반면 신앙은 존재하고 있으며, 모든 것이 결정되는 활기찬 어둠 속에 남아 있기를 바라고 있다. 종교적 신앙의 추론은 수사학의 중복법처럼 표현이 될 정도이다. 예를 들어 〈사도 신경〉은 합리적인 보고서처럼 보인다. "전능하사 천지를 만드신 하나님 아버지를 내가 믿사오며"라는 문장은 《윤리학》의 전반부에 있는 여섯번째 정의, 즉 "신을 통해 나는 절대 무한의 존재, 다시 말해 영원하고 무한한 본질을 표현하는 아주 많은 속성들을 지니고 있는 실체이기를 바랍니다"[8]라는 정의와 비슷하다. 그러나 그 첫번째 진술이 의미를 지니는 것은, 그 문장 안에서 표현되는 것을 총체적으로 말할 수 있는 가능성을 영원히 숨기고 있는 "나는 믿습니다"라는 표현 때문이다. 반면 스피노자에 의해 제기된 각각의 표현들은, 적어도 법적으로는 주의 깊은 모든 인간들에게 적절하게 명시될 수 있다.

그러나 믿음의 형식과 신앙을 구분짓는 것은 바람직하다. 물론 그것들은 공통적인 특징을 가지고 있다. 즉 믿음의 형식과 신앙은 모든 요소들을 가지고 있지 않음에도 불구하고 결정되고 있다.

믿음은 신뢰를 한다는 것이다. 믿음은 믿는다는 것이다. 믿음은 부정적인 측면과 긍정적인 측면 사이에 차이점이 존재하고 있다는 것조차 모르는 것이다. 믿음은 자신이 말한 것과, 그리고 사람들이 믿음에 의사 표현하고 있는 것을 모두 동일선상에 위치시키며 믿고 있다. 사실 믿음은 자신과 똑같은 의견을 가진 사람들과 의견을 달리하지 않는다. 그것은 매우 효과적이고 효율적인 기능의 양상이다. 다시 말해 사람들이 내게 입증시켜 줄 때 내가 옳다고 믿으려는 유혹을 어떻게 물리칠 것이며, 그리고 사람들이 입증하지 못했을 때 내가 그르다고 믿으려는 유혹을 어떻게 물리치겠는가? 믿음은 근본적으로, 그리고 본능적으로 **사회학적인** 것이다. 장-투생 데장티가 이야기했듯이 "나는 내가 믿음을 줄 수 있다고 생각하는 것만을 믿고 있다."[9]

신앙은 신뢰하고 있지 않으며, 그 자신을 위태롭게 하고 있다. 신앙을 규정하고 있는 그것은 맹신이 아니다. 그 반대로 신앙은 단지 눈에 보이지 않는 어둠의 에너지만을 신뢰하고 있다. 이는 신앙이, 자신이 어둠 속에서 알고 있었던 것이 날이 밝는 순간 동시에 증발되지 않았다는 것을 확신하지 못하기 때문이다. 그러나 믿음은 이런 미묘한 점들을 가지고 있지 않다. 믿음은 우리가 (종교적으로 또는 정치적으로) 제도화해 명확하게 나타내는 우리의 지지 대부분을 지배하고 있다. 그 속에서 우리는 우리가 옹호하고 있다고 믿고 있는 내용을 신뢰하는 것이 아니라, 그 내용의 근원을 신뢰하고 있다. 정당이나 교회는 언제나 옳다. 믿음은 합리적인 추론과 마찬가지로 검증받기를 바라고 있다. 믿음은 자신의 정당성에 대한 명백한 증거가 어디에선가 나타나리라 믿고 있지만, 그러나 신앙은 신앙 그 자체를 빼면 그 어떤 증명도 있을 수 없다는 것을 알고 있다.

ㄹ
이성의 샘에서

우선 각각의 추론은 각자 자기만의 방식으로 근본적인 문제에 접근하고 있다. 그러나 명확하게 드러나는 추론도, 희미하게 암시적으로 나타나는 추론도 단순하고 통일된 방식으로 근본적인 문제에 접근하지 못하고 있다. 이 두 가지 추론은 그들의 무거운 임무, 즉 실존하는 것에 대한 놀라움을 생각해야 하는 임무를 수행하기 위해 각각 서로 다른 문체를 사용하고 있다. 실제로 이 두 추론은 서로 다른 문체를 사용해 존재를 확인하면서 자신들의 임무에 직면해 어려움에 처해 있거나, 아니면 우회 전술을 선택하고 있다. 다시 말해 두 추론은 겪어야만 하는 장애를 실제적으로는 겪지 않으면서, 두 추론이 제기될 수 있을 것 같은 우회 방법과 이동 방법을 만들어 내고 있다. 그러므로 이 추론들은 **파생의 역할**을 한다.

대립되는 추론들은 이성에 있어서의 철학과 신앙에 있어서의 신학이다. 파생 역할을 하고 있는 추론들은 이성에 있어서의 과학과 신앙에 있어서의 종교다.

근본적인 문제

우리 눈앞에 그리고 우리의 마음속에 있는 존재의 갑작스럽고

낯선 출현에 직면하는 것은 처음에는 기원전 5세기경에 그리스에서, 다음은 지중해 연안과 서구에서, 우리가 우리들만의 힘으로 대립을 이끌려고 노력할 때부터 철학이 되어 버린 특별한 언어 사용을 낳았다. 실존하는 것을 어떻게 설명할 것인가? **실존한다는 것, 그것은 무엇인가?**

철학은 무엇보다도 실존하는 것에 대한 지식, 매우 일반적으로 실존하고 있는 것의 갑작스러운 출현에 대한 지식이기를 바라고 있다. 그러나 말을 시작할 때부터 우리는 실존하고 있는 것에 대한 그 무언가를 이야기하고 있다. 모든 언어의 사용은 언어의 특성을 표현하려는 데 목적이 있다. 다시 말해 "비가 온다"는 문장처럼 아주 일상적인 문장들조차도 실존하고 있는 것에 대해 말을 하고 있다는 것이다. 그러나 바로 이런 상투적인 표현으로는 충분치 않을 것이다. 우리가 무의식적으로 말을 할 때, 그때는 문제가 되고 있는 점은 빠져 있다. 그러므로 중요한 점은 실존하고 있는 것**에 대해** 그리 많이 이야기하지 않을 것이라는 데 있다. 아리스토텔레스가 솜씨 좋게 이를 말했듯이 그것은 너무 쉬운 일이다. "무엇이 [화살이] 문을 [바로 앞에 있다면] 비켜 갈 수 있겠는가?"[10] 노력과 기술을 요하는 것, 즉 어려운 점은 존재하고 있는 것이 **무엇인지**를 알기 위해서 사람들이 존재에 대해 말하고 **있는 것**[11]을 분명하게 이해하는 것, 바로 사람들이 **어디에서** 그런 말을 끄집어 내고 있는지를 분명하게 알고 이해하는 데 있다. 이 점에 대해서 철학자들 중 가장 오랫동안 경험을 쌓은 철학자는 엄격하지만 빈약한 태도를 보이고 있다. "필연적으로 그것은 존재이기 때문에, 존재는 실존한다고 생각되고 이야기되어져야만 한다. 비존재와 관련해서는 그것은 아무것도 아니다. 네게 잘 검토하도록 요구한 주장이 그것이다."[12] 이런 명령을 단순하게 받아들인다는 것은 그 상투적인 문구만을 말할 수 있는 것과 같을 것이며, 우리에게서 언어를 빼앗아 가는 것과 같을 것이다.[13] 따라서 알맹이 빠진 상투적인 문구——즉 "존재는 실존하며, 비존재는 실존하지 않는다"——를, 비록 그것이 최종 목적일지라도 어떤 다른 것을 말할 가능성을 언어에 남겨 주면서, 알맹이 빠진 상투적인 문구를 풍부하게 살찌우는 것은 중요하다.

그러므로 철학은(그리고 정의는 처음부터 더 이상 변화하지 않았다) 존재를 **말하기**보다는, 당시 존재를 이해하기 위해 사람들이 최대한 명확하게 말을 할 때, 존재에 대해 실제적으로 사람들이 이야기하는 것이 언어 속에 묻어 나오도록 내버려두고 있다.

이성이 근본적인 문제를 밝고 명료한 추론 속에서 다루게 될 때, 이성은 그 추론 속에 좀더 명백하게 이해를 도울 수 있는 언사를 **제공한다**. 이성은 명확하게 드러나는 추론 속에서, 문제가 말하고 있는 것을 잘 들으며, 그리고 할 수 있는 한 최선을 다해서 그것을 이해할 수 있는 지적인 언어로 표현하고 있다. 따라서 철학자는 존재에 대해 자신이 가지고 있는 경험을 이야기한다. 그는 자신의 개인적인 경험을 묘사하고 있지만(왜냐하면 그는 단지 누군가에 의해 이루어진 경험만을 가지고 있기 때문이다), 철학자 자신의 개인적인 경험 묘사는 철학자가 똑같은 경험을 했던 모든 인간들이(그리고 실존한다는 것을 경험했던 모든 인간이) 인정하는 표현을 할 수 있다는 범위 내에서 이루어지고 있다.

그러므로 일반적인 경험, 즉 개개의 사람들이 필연적으로 겪었던 경험을 표현할 수 있는 추론은 개념적인 추론이다. 철학자는 자신의 경험을 생각해 볼 수 있도록 해주는 개념들 속에서 자신의 경험을 곰곰이 생각해 본다. 사실 그 개념들은 경험의 핵심들이라 칭할 수 있을 것을 열거하고 있으며, 그 경험은 개념들이 말하고 있는 실체와 비슷한 모든 것들을 통해서 필연적으로 이루어진 경험이다. 그렇기 때문에 개념들은 정의들과 비슷하다. "따라서 행위는 실제로 존재하는 사물에 대한 현상이며, 그것이 잠재적으로 존재하고 있다고 우리가 생각하고 있는 방식의 현상은 아니다. 그때 우리는 헤르메스가 숲 속에 잠재적으로 존재하고 있거나, 또는 절반의 윤곽이 전체적인 윤곽을 끄집어 낼 수 있을 것이기 때문에 전체의 윤곽 중 절반의 윤곽을 나타내고 있다고 예를 들어 이야기를 한다. 아니면, 그때 우리는 사색할 능력을 가지고 있음에도 불구하고 사색조차 하지 않는 사람을 잠재성을 지닌 현자라고 칭한다."[14] 그러나 그 개념들은 사람들이 관련 있는 사항을 이해하지 못할 경우, 그것은 이해조차 할 수 없는 것이 되고 만다. 사람들이 말하고 있는 것을 '이해하지 못하는' 사람들은, 현존하고 있는 것이 만들어지는 것을, 즉 윤곽을 나누거나 또는 사고하는 것을 배울 수 있는 경험을 한번도 해보지 못했을 사람들은, 잠재성을 지닌 존재를 나타내는 묘사 속에서 오직 이해하기 힘들고 모순되는 이야기들만을 보게 될 것이다. (우리가 어떻게 현자이면서 동시에 무지인일 수 있겠는가?)

철학은 합리성에 완전히 속해 있다고 주장할 수 있다. 사실 이 개념은 실재의 한 분야를 지칭하는 단어는 아니며, 낮에 밝게 빛나는 명증의 빛 속에서 분명하게 제시될 수 있는 일관성 있는 명제들의 핵심이다. 그 개념은 정신을 어떤 일반적인 경험으로 유도하는 것인 동시에, 이런 경험에 대한 진술을 명백한 용어들로 표현하도록 유도하고 있다. 질 들뢰즈는 철학을 '개념 창조'라고 정의하고 있다.[15] 이 정의는 매우 주목할 만한 점에서 주의를 끌고 있기 때문에 설득력이 있다. 개념은 근거가 되고 있는 경험과 분리되지 않으며, 분리될 수도 없다. 개념과 그 특성은 다른 곳에서 다르게 진술할 수 있는 경험을 묘사하고 있지 않다. 또한 개념이 경험 그 자체는 아니다. 유일하게 철학자들만이 진짜 경험을 했고, 대다수의 인간은 진정한 경험을 하지 않았다고 주장할 것이기 때문에 마지막 가정은 특히 부당한 것일 수 있다. 그러므로 경험은 오히려 각자의 마음속에 잠복 상태로, 가상 상태로 존재하고 있다고 말해야만 한다. 그리고 개념 창조는 각자의 경험을 표면적으로 보여 주고 있으며, 보다 명료하게 볼 수 있게 해준다고 말해야만 한다. 아리스토텔레스가 이런 두 가지 개념을 창안하면서 현재 실행되고 있는 존재와 잠재성을 지니고 있는 존재를 구분짓기 이전에는, 그 누구도 마음속으로 그가 했던 경험을 식별하지 않았었다. 개념은 그것이 지칭하고 있는 경험이 처음으로 구체화될 수 있도록, 대체될 수 있는 철학적 행위를 통해 만들어져야만 한다. 그러면 각자 개개인이 살면서 하게 되는 기본적인 경험들을 다룬 보편적이면서 합리적인 추론이 펼쳐질 수 있을 것이다. 예를 들어 아리스토텔레스는 자신이 **엑시스**(hexis)라 명명한 개념으로, 내가 이미 행했었던 행위들이 나의 본성을 변형시킬 수 있는 힘을 가지고 있다고 나를 깨우쳐 주었다. 또한 사람들이 조금이라도 그것에 대해 말을 하기만 한다면, 동시에 **모든 사람들은** 그것을 파악하고 있는 것이라고 나를 깨우쳐 주었다.

그렇다면 철학은 실존의 깊이 자체를 밝은 곳으로 끄집어 낼 수 있다고 말하는 것인가? 물론 그에 대한 대답을 하기 위해서는 신중을 기해야만 한다. 왜냐하면 만약 철학적 추론이 완전하게 그 개념을 명확하게 설명할 수 있다면, 엄밀히 따져 철학적 추론은 가시화해 주었던 누군가의 경험을 그 개념 속에 포함시키고 있다고 주장할 수 없기 때문이다. 철학은 관점의 도구이며, 현실을 인식하는 방식이다. 한 벌의 안경을 내놓는 안경사처럼 독자에게 "이것의 착용으로 더 잘 보이십니까?"라고 말하는 작가에 대해 프루스트가 기술했던 점은, 아직까지는 좀더 분명하게 철학자에 의해 이야기될 수 있다. 아니 은유적 표현으로 바꿔 말하면, 개념들은 물고기를 볼 수 있도록 해주는 그물로, 사람들이 물고기를 표면 쪽으로 이동시켜 놓은 뒤 바로 그 물고기가 도망가도록 내버려두는 그런 그물은 아니다. 왜냐하면 그 어떤 것도 다른 것으로 대체될 수 없다는 것이 철학적으로 밝혀졌기 때문이다.

철학은 자신의 임무를 잘 처리할 수 있다. 그러나 철학의 본질성은 그 어떤 것도 적절한 설명을 하기 위해 철학을 실행하는 데 제외될 수 없는 그런 것이다. 그 누구도 나를 대신해서 사고할 수는 없으며, 그 누구도 어떻게 살아야 하는지를 내게 말할 수 없으며, 현실이 무엇인지조차 말할 수 없다. 그러나 철학자들은 사람들이 철학에 이르기 위해 어떻게 행동을 하는지 내게 보여 줄 수는 있다. 그러므로 철학은 현명한 것처럼 보인다. 철학은 진리와 관계가 있으며, 또한 진리를 전달할 수 있을 것이라는 의미로 진리를 이용하고 있지는 않다. 철학이 근본적인 문제에 대해 말할 수 있는 모든 것은 다음과 같다. 만약 당신이 개념적인 사고를 하려고 노력하지 않는다면, 당신은 구체화시키기를 바라는 현실 세계를 볼 수조차 없을 것이다. 당신은 현실 세계에서 삶을 즐길 것이다. 아마도 잘, 그러나 무분별하게 현실을 체험할 것이다.[16] 또한 철학은 개념을 통해 이해하게 되는 커다란 기쁨을 더해 주고 있다. 이해했기에 행복했음을 분출해 내고 있는 철학 작품들은 즐비하게 많이 있다. 그 예로 데카르트의 《성찰 III》의[17] 끝부분과 스피노자의 《윤리학》[18] 후반부 전체가 있다.

문제의 관점을 바꾸는 과학

  스스로 사고를 하는 가능성의 일면이 나타나 있는 기쁨들은, 철학을 다른 사람들에게 쉽게 전파시키고 있다. 그러나 철학의 합리적인 추론이 치러야 하는 대가는 그 추론이 단지 행동으로만 전달될 뿐, 지식으로는 절대 전달될 수 없다는 것이다. 그 이유는 아주 간단하다. 그 어떤 철학자도 철학의 합리적 추론을 완성시키거나, 또는 그것을 마무리짓기 위해 또 다른 추론의 작업을 실제로 다시 시작할 수는 없기 때문이다. 스피노자의 《윤리학》이 정의와 정리·논증을 기하학의 개론처럼 진술하고 있을지라도, 그 누구도 스피노자식의 새로운 정리를 증명할 수는 없을 것이다. 모든 철학자는 독창적인 작품을 만드는 어떤 다른 작업을 '완성시키길' 바라고 있다. 그리고 모든 철학자는 똑같은 계획을 가지고 있지 않다. 반면 과학적 추론에 있어서는 사정이 매우 다르다. 다시 말해 유클리드(에우클레이데스)에 의해 증명되지 않았던 유클리드 기하학의 정리들은 상당히 많이 있으며, 그리고 그 어떤 것도 유클리드 기하학의 정리들을 또 다른 정리들과 구분지을 수 없다. 우리는 17세기에 사영기하학을 통해 증명된 데자르그의 정리가 유클리드에 의해 이전에 발견되었었는지, 아니면 발견되지 않았었는지를 알 수 없다. 어떤 불확실함이 가능할 수 있으리라는 것은 불확실함을 만들어 낸 작가들에 대한 과학적 추론의 독립을 잘 보여 주고 있다.

  합리적 추론의 본보기가 되고 있는 과학적 추론은 매순간 자기만의 고유한 방식들을 전부 만들어 낼 수 있다. 이런 점에서 과학적 추론은 분명 철학적 추론만큼이나 일반적이다. 아니 보다 더 보편적이다. 그리고 그것은 현자가 또 다른 것에 대한 작업을 계속

할 것이라는 가능성을 보장해 주며, 과학적 개념은 자신이 말하고 있는 현실 자체를 개념 정의 속에 포함시키고 있다. 사실 실험을 목적으로 하는 과학이 현실 세계에 대한 실험을 자신의 과학적 전개 과정 속에 포함하고 있다. 그리고 비록 그것이 덜 분명한 것일지라도, 정밀 과학은 자신이 다루고자 한 것 모두를 넘치지도 남지도 않게 자신의 실험 과정 속에서 보여 주고 있다. 어떤 면에서 보면 수학은 수학책 **속에만** 있다. 그러나 철학은 철학책 **속에** 있는 것이 아니라 철학책이 할 수 있는 것, 다시 말해 철학책이 절정의 상태로 이르게 해주는 삶 속에 있다. 만약 철학이 자신이 말한 경험을 피하고 있다면, 그것은 바로 기본적인 경험과 관련이 있기 때문이다. 반면에 과학이 설명할 수 있는 명백한 관계 속에서 경험을 받아들이고 있다면, 그것은 경험이 같은 종류에 속하지 않기 때문이다. 다시 말해 과학은 각자가 살면서 순간순간에 한 경험이 아니며, 과학적 도구를 조작하는 사람들에 의해 행해진 실험일 뿐이라는 것이다. 물체의 낙하를 측정하기 위해 갈릴레이가 상상한 사면들은, 물리학자가 해결해야 할 문제 전체를 자체적으로 압박하고 있다. 그리고 그것들은 자연을 이성에 굴복시키고 있기 때문에 칸트에 의해 많은 찬탄을 받았다. 그러나 그 사면들은 단지 이런 경험만을 파악하고 있을 뿐, 엄밀히 말하면 다른 것은 **아무것도** 파악하고 있지 못하다.

우리는 이를 다르게 표현할 수 있다. 과학적 경험은 모든 것이 밖으로 드러난 것으로, 공간 속에서 그리고 측정할 수 있는 시간 속에서 완전히 드러나는 표면적인 것이다. 반면에 철학적 경험은 지극히 내면적인 것이라고 말하고 싶을 것이다. 그러나 그렇지 않다. 철학적 경험 또한 외부에 대해, 공간과 시간에 대해 말하고 있다. 과학적 경험과 철학적 경험간의 차이점은 그것이 아니다. 이

둘의 차이점은 본질과 정신에 있다. 과학은 그 대상을 순화시키고 있으며, 반면에 철학은 그 대상에 정신성을 부여하고 있다. 아직까지도 과학은 현자들 앞에서 대상을 다루고 있으나, 반면에 철학은 사람들의 행동을 이끌어 내고 있다.

그러므로 과학 또한 철학이 치러야 하는 대가보다 더 비싼 대가를 치러야만 한다. 과학은 근본적인 문제에 대해서는 말을 하지 않는다는 것이다. 물론 과학은 존재하고 있는 것에 대해서는 말하고 있다. 그러나 과학은 결국 객관성으로 요약되는 실증적인 과정 쪽으로 문제의 초점을 바꿔 줌으로써 그것과 다른 문제를 결코 제기하지 않고 있다. 과학이 자신의 처리 방식을 정신의 물질에 적용시키려 애쓸 때, 과학은 놀랍게도 자신이 관심을 가졌던 면을 먼저 파괴해 버린다. 그리고 나서 과학은 단지 죽은 것 이상이 될 수 없는 그것을 쉽게 정복하고 있다.

3
신학 아니면 해석 신앙

신앙은 깊은 어둠 속에서 실존하고 있는 우리의 탄생에 대한 근본적인 문제를 발견하고, 이에 대해 지속적인 관심을 가지고 있다. 은유적인 표현은 없다. 다시 말해 신앙은 자신을 적절히 나타낼 수 있는 표현이 완전히 부족하다. 그렇기 때문에 신앙은 먼저 불평불만자들에게는 신앙 자체에 대한 모든 표현을 통하여 유지되고 있으며, 그리고 자기만의 독특한 추론에 대한 비평가의 역할을 하고 있다.

그러나 신앙은 말을 해야 하며, 표현되어야만 한다. 그렇지 않으면 신앙은 실존에 대한 단순한 감정과 혼동될 것이다. 그리고 그 실존에 대해서 우리는 그 단순한 감정이 모든 것을 있는 그대로 포함하고 있다고 말할 수 있으며, 또한 무엇 때문에 그런 감정이 사라지는지를 아주 잘 이야기할 수 있을 것이다. 따라서 실존에 대한 감정은 완전히 실질적인 실천 속에서 구체화될 수 있다. 그러나 우리의 문제는 거기에 있지 않다.

그러므로 신앙은 언어를 찾고 있거나, 아니면 자신에게 맞는 표현 양식을 찾고 있다. 인간이 이 영역에서 찾아낸, 역사적으로 가장 오래 된 양식이 바로 종교이다.

근본적인 문제를 적용하고 있는 종교

인간들 중 누군가(미사 집전자들)가 집행하는 성무일과식에 참여하는 사람들(신자들)이 그 제식에서 행하는 실행의 총체인 종교는, 아주 오래 되고 기본이 되는 사건들이 종교의 특별한 기록 속에서 반복되고 있는 상징적인 행위들을 통해 그 의미를 찾고 있다. 따라서 종교는 신들이 어떤 원초적인 행위들을 하면서 인간의 삶을 어떻게 창시했었는지를 이야기해 주는 신화와 밀접한 관련이 있다. 종교는 우선 성(聖)을 속(俗)과 구분지으면서 공간을 금기 사항과 행위적 제약, 의복 제약이 있는 영역으로 한정하고, 그리고 마찬가지로 같은 종류의 금기 사항과 의무 사항을 지키는 축제 기간으로 시간을 한정하고 있다. 그러나 종교는 특히 희생이 따른다. 다시 말해 본질에 대한 인간의 독립과, 그리고 또 다른 필연성의 이치에 인간이 관련되어 있음을 모두 확인함으로써, 모든 제식은 실제적인 파괴가 일어나는 과정 주위에서, 자명한 모든 것들보다 더 신비롭고 더 심오한 현실 세계에서 제식이 자리잡은 것들을 통해 이루어지고 있다. 이런 면에서 볼 때 가장 큰 희생은 인간의 희생이라는 것이 분명하다. 그러나 인간의 희생은 일반적으로(고대 유대교, 또는 이슬람에서처럼) 동물의 희생으로 **대체되고** 있거나, 아니면 그리스도교처럼 다른 모든 희생을 무효화시키고 그리고 영원히 이 방법을 종결짓도록 한 인간 희생의 요구로 모든 희생물은 무효화되었다. "그렇다. 대제사장이 우리에게는 분명 성스럽고 순수하고 순결하고, 그래서 후에 죄인들과 구분되며, 하늘보다 더 높고 고귀할 필요가 있다는 것은 분명하다. 대제사장은 대제사장들로서 우선 자기 자신의 죄를 위해서, 다음은 대중의 죄를 위해서 희생물을 바쳐야만 하는 상황에 매일 처하지는 않을 것이다. 왜냐하면 그는 자기 자신을 헌신하면서 모두를 위해 한 번쯤은 희생을 했었기 때문이다."[19]

이런 전위는 종교에 대한 믿음이 약화되었음을 말하는 것이 아니라, 그와 반대로 종교에 대한 믿음이 실현된 것이다. **근본적으로 종교는 전위이기 때문이다.** 그렇기 때문에 사람들은 눈에 보이지 않는 어둡고 흐릿한 사고를 하기 위해서, 종교를 문제에 직면해 관점을 바꿀 수 있는 양식으로 해석할 수 있으며, 종교를 종교상의 의례로 그리고 예전에는 눈으로 보이지 않았던 종교를 눈에 보이는 제식으로 바꿀 수 있다. 심오하기는 하나 매우 표면적인 사상인 종교는 예술 속에서만 그 고유한 깊이를 인식하고 있다. 왜냐하면 종교는 신성한 것에 대해, 시간에 대해, 그리고 성스러운 것에 대해 매우 강렬하면서 이해할 수 없는 깊이로 나타나는 것을 받아들이고 가시화해 주는 표면으로의 상승이기 때문이다. 모든 예술 작품 또한 보이지 않는 것으로부터 보이는 것으로의 전환, 즉 표면으로의 그런 상승이다.

그때부터 종교는 근본적인 문제에 대한 의문과 동떨어질 수 없을 것이다. 종교는 마치 근본적인 문제가 이미 해결된 것처럼 그 문제를 다루고 있다. 예술적 창조는 종교에 대해 유일하게 깊이 있게 연구한 결과이다. 그렇기 때문에 지금은 버려져 있는 종교적 작품들(이집트 신전이나 그리스 신전 등에 있는 신들의 동상들)은 아직도 우리에게 똑같은 생동감을 주고 있다. 사람들은 종교적 제식에 참여하며, 종교적 제식을 그만두지 않은 상태에서 그것을 연구하지는 않는다. 신앙은 종교에서 단순한 하나의 믿음으로 존재하는 것에 만족하면서 종교 속에 자리하고 있다.

근본적인 문제에 대한 신학과 언어

종교적 신앙은 신에 대한 추론, 즉 신학으로 종교적 신앙 그 자체를 인식한다. 실제로 신에 대한 추론은 과학처럼 사람들이 지정해서 공부할 수 있을 대상에 대한 추론이 아니며, 철학처럼 인간의 경험에 대한 재연도 아니다. 신에 대한 경험은 없다. 그러므로 신이라는 단어의 의미를 구축하기 위해서는, 그 단어가 신학적 범위에서 사용되고 있듯이 경험의 범위가 아닌 다른 면을 펼쳐 보일 필요가 있다. 따라서 '신'이란 단어는 본질을 알 수 없는 깊이인 대단히 깊은 심급의 단계, 즉 사람들이 가질 수 있을 가장 경이적인 바람을 지칭하고 있다. 더욱이 신과 관련된 모든 선언은 눈에 보이는 종교적 우상들을 고발하는 형식으로 빈 공간, 공백을 나타내면서부터 시작된다. 신의 실존에 대한 질문은 사람들이 제기할 수 있을 첫번째 질문은 아니다. 왜냐하면 우리가 이런 경우에 실존하고 있다고 말할 수 있는 것을 아직껏 파악하고 있지 못하기 때문이다. 좀처럼 회피할 수 없는 빈 공간——공백·고요·어둠——의 실체는 얼마나 신기한가. 그리고 이런 실체에 신이란 명칭을 왜 주었을까?

결국 신은 표현되는 그 이상이다. 신에 대한 모든 표현은 하나의 투영이며 환영이다. 표현되고 있는 신은 상상한 것이다. 물론 상상의 세계가 단지 '실존하지 않는 것'은 아니다. 상상의 힘이다. 강력한 어떤 것이 환상적인 표현으로 나타나는 것이다. 그렇지 않으면 환영은 형성될 수조차 없을 것이다. 또한 신앙은 모든 것이 다른 곳에서 달리 작용되고 있다는 것을 안다면, 신앙의 요구와 신앙심에 관한 한 아무것도 상실하지 않은 채 아무런 부담 없이 상상을 펼칠 수 있을 것이다. 그러나 신비롭게 제시된 표현으로는 충분치 못하다. 그러므로 신앙의 어두운 부분을 단절시키지 않은 채 언어의 범주에서 신을 나타낼 수 있어야만 할 것이다.

신은 절대적 공백이며, 끝없이 갈망하는 것이다. 따라서 표현된 신에 대해 우리가 언어를 통해 이야기할 수 있는 모든 표현은 다음과 같다. 그것은 절대적인 방식으로 표현들 사이에 존재하고 있는 빈 공간이다. 신은 표현들 사이에 존재하는 완전한 침묵이다. 그런데 모든 침묵은 언사에 관해 모호한 증언을 하고 있다. 왜냐하면 인간의 언어가 침묵에서부터 표출될 필요가 있었기 때문이다. 다시 말해 언어는 우리를 앞서가고 있지만, 우리가 표명할 수 있는 언사와는 다른 말을 하고 있다. **마치 누군가가 말을 했고, 그래서 그 이후로는 언어가 가능했을 것처럼**, 예전에 한 번쯤 말로 표현된 모든 언사들보다도 더 오래 되고 더 깊이 있는, 말을 할 수 있는 능력이 언어에는 있다. 그러므로 신학의 가능성은 언어보다 더 오래 된 언사에서 성립된다. 왜냐하면 이 장소, 이 심급, 이 위치를 신이라 감히 명명할 수 있는 것이 바로 신앙의 특성이기 때문이다. 신의 침묵은 언사가 죽은 것과 같다. "태초에 말씀이 있었다."[20]

따라서 신을 생각한다는 것은 신의 형식적인 위치를, 즉 아무것도 존재하지 않는 것을 추론 속에서 단순하게 나타내는 것이다. 그러나 그것에 만족한다는 것은 신에게 무(無)라는 지위를 주는 것이 될 것이다. 언어가 그 기원을 파악하고 있는 침묵 속에서조차도 명백한 언사는 들을 수 있어야만 한다. 그렇지 않으면 무(無)의 심층 속으로의 끝없는 경주는 결코 어디에도 이르지 못하고 길을 잃을 것이다. 그러면 무의 심층으로 향하는 경주는 더 이상 없을 것이다.

하나님의 계시의 개념은 이런 요구에 대답을 하고 있다. 신앙에 대한 단언은 언어의 가장 깊숙한 곳에 자리하고 있을 신의 말을 '생각해 내는' 데 있는 것이 아니라 실행되고 있는 인간의 언어, 즉 성서로 눈을 돌리는 데 있다. 그리고 "이 저서에는 우리가 목표로 하고 있는 신의 본질 그 자체가 특별한 방식으로 드러나 있으며, 신은 자신에 대한 어떤 점을 명시하기 위해 인간의 언어를 이용해 말을 했다"고 이야기하는 데 있다.

신앙은 본질적으로 텍스트를 푸는 해설자이다. 신앙은 히브리어·그리스어·콥트어·아랍어 등으로 적혀져 있으며, 성전이 전하고 있던 텍스트와 관련 있는 명제들에 의미를 부여해야만 한다. 신앙이 부여하고 있는 의미를 통제하는 신앙은 자신이 읽은 것을 해석하고 있다. 그러나 텍스트 자체는 독립성과, **다르게 이해될 수 있는 고유한 능력**을 언제나 요구할 것이다. 왜냐하면 이해를 한다는 것, 그것은 언제나 다르게 이해를 하는 것이기 때문이다. "이해를 한다는 것, 그것은 실제로는 보다 명확하게 드러난 개념들 덕분에 사물에 대해 더 나은 지식을 가질 수 있을 것이라는 의미로 이해되는 것이 아니며, 또한 의식은 생성에 대한 무의식적인 특성과 관련 있을 것이라는 근본적 우월성의 의미로 이해되는 것도 아니다. **이해를 하고 있다는 한 가지 사실만으로도 사람들은 다르게 이해를 할 수 있다고 말하기에 충분하다.**"[21] 따라서 신앙의 작업, 의미를 부여하고 받아들이는 신앙의 작업, 해석학이라 명명되는 해설 작업이 실행된다.

신앙의 행위

신학은 해석학이다. 왜냐하면 신학을 존속시키려는 노력이 신학이 말을 할 수 있도록 해주는 근원에 대해 관심을 가지고 있기 때문이다. 그러나 이미 그 노력은 성서의 원문 속에서 드러나고 있다. 따라서 신에 대한 이야기는 곧 신에 대한 이야기가 아니며, 또한 철학적 추론도 곧 존재에 대한 직접적인 추론이 아니다. 철학은 무언가 인간에 대해 말하기 위해 인간이 언어로 말하도록 내버려두고 있듯이, 마찬가지로 신학은 신에 대해 무언가를 말하기 위해 신이 텍스트 속에서 말을 하도록 내버려두고 있다.

따라서 철학과 신학은 비교할 만하다. 이것들은 근본적으로는 똑같은 요구를 하고 있다. 그리고 이것들은 자신들의 추론을 펼치고자 할 때 부딪히게 되는 근본적인 어려움을 피해 이미 구성되어 있는 추론들을 바탕으로 이루어진 추론들이다. 그러므로 철학과 신학은 본질적인 것에 대해 이야기해야만 하는 것을 경청하고자, 그들 고유의 추론이 담고 있는 원천에 관심을 가지고 있다.

그러나 이 둘의 차이점들은 아직까지도 중요한 의미를 지니고 있다. 철학자는 자신이 말하고 쓴 것과, 그리고 자신이 읽고 들었던 것을 바탕으로 세상에 어떤 의미를 주고자 애쓰고 있다. 반면에 그가 신의 계시를 위해 나타난 텍스트를 파악하면, 그때부터 신학자는 그 관계를 뒤집고, 자신이 세상에 대해 이해하고 있는 점들로 세상 자체보다는 현실 세계를 더 많이 담고 있는 텍스트를 명백히 밝히고자 노력한다.

더 잘 살기 위해 이해를 하는 것이 아니라, 텍스트를 이해하기 위해 살고 있는 것이다. 기하학이 기하학 책 속에 담겨져 있고, 철학이 책의 측면에, 즉 책들이 허락하는 범위 내에 있는 반면, 신학은 성서 구절을 읽는 신앙에 있다. 즉 신학은 경전에 있는 것이다. 다시 말해 신앙은 의미를 가질 수 있도록 해주는 표현들 사이에 있는 빈 공간에 있으며, 신 그 자체인 것이다.

이 과정에서 우리는 가능한 한 여러 종류의 신학에 반성을 덧붙일 수 있을 것이다. 각각의 신학은 경전에 합치된다고 또는 합치되지 않는다고 판단하는 문구집의 범위를 한정하기 위해, 그리고 올바른 해설을 할 수 있는 규칙을 정하기 위해 인정받은 권한의 유형에 따라 구별되고 있다. 그러므로 종교에 따라, 정통성과 이단에 대한 개념은 해석학이 가진 이런 문제점들을 다룰 자격이 있는 권한에 따라 달라질 것이다. 그러나 이런 문제에 직면해 우리는 이미 옆으로 빗나간 행보를 했으며, 신앙의 중심으로부터는 멀어진 상태에 있다. 신앙은 가장 종교적으로 높은 권한을 지니게 될 누군가가 그 누구의 간섭도 받지 않고서 성구를 읽을 때마다 모든 일이 진행되는 해설의 단계와 혼동되고 있다. 그것이 바로 신앙을 설명하는 신앙인 것이다. 또는 사람들이 단 한 명의 신학자만이 있기를 선호하고 있다면, 만약 그 사람이 존재한다면 그는 바로 신이다. 모든 신학들은 성구에 대해 무궁무진한 해석을 하고 있는 근사치들이다.

신앙은 자신의 빛에서 벗어나지 않는다. 신앙은 어둠을 밝혀 주는 어둠이다. 또한 신앙은 비의적(秘義的)이지 않으며, 심오한 교리를 전수받은 사람들의 전유물도 아니다. 그것은 현교적(顯敎的)이며, 외부에 노출되어 있고, 그리고 완벽하게 의미가 명료한 언어를 취하고 있다. 그러나 철학적 행위보다는 신앙의 행위가 이를 실행하고 있는 사람들과 분리해서는 따로 생각될 수 없는 것이다. 신앙은, 본질적인 문제에 대해 **무엇인가가** 거론되었던 성구를 명료하게 이해하도록 길을 열어 주는 신앙 고유의 행위이다.

이성의 저편에 있는 신앙

4
환영

 이성과 신앙에 대한 추론들은 너무 쉽게 이 둘의 관련을 막는 다양성을 보이고 있다. 하나의 명제를 받아들일 수 있다고(아니면 받아들일 수 없다고) 선포하기 전에, 그 명제가 어떤 영역에서 사고되어졌는지 의문을 갖는 것이 중요하다. 철학·과학·신학 그리고 종교는 서로 연결되어 있지 않다. 그러므로 또 다른 분야에서 관련 있는 무언가를 생성할 수 있도록 한 분야에서 일어난 결론을 또 다른 분야의 관심사에 도입해 보는 것은 쉬울 것이다.

 그러나 자연스럽게 전달된 각 분야는 자신들이 또 다른 영역에서도 적절한 역할을 할 능력이 있다고 생각한다. 각각 자기의 금지 사항과 요구 사항만을 고려하도록 '길들여진' 각 분야는, 자신의 분야가 발전하는 데 방해가 될 장애 요소들을 자신의 영역 밖에서는 만나지 않을 것이다. 또한 각각의 추론은 일련의 환상을 만들어 놓았기 때문에 각각의 영역 도처에 있다고 생각하고 있다. 칸트는 《순수 이성 비판》에서, 소위 철학(형이상학)에 접근하면서 자신의 방식을 바꾸지 않은 채 작용해야만 하는 과학적 추론(오성의 추론)에 대한 부당한 요구를 **현상학**[22]이라 명명하고 있다.

실증주의와 신앙 절대주의

우리의 실존에 대한 문제에서 대치되는 두 가지 추론은, 즉 철학과 신학은 우선 이들로부터 파생되어 나온 추론과 관련해 자신들의 입장을 정해야만 한다. 과학과 종교는 자신들의 임무에서 이 파생 추론들을 제외시키길 바랐었다.

종교에서는 신앙 절대주의가, 과학에서는 실증주의가 약하기는 하나 언제나 철학과 신학을 대신하려는 시도를 하고 있다. "더 이상 철학을 하지 마십시오. 그 결과가 과학적으로 무가치하기 때문입니다. 그러니 과학을 하십시오. 그리고 과학이 철학이 제기한 문제들을 해결하기를 기다리십시오"라고 실증주의는 말한다. 불행하게도(아니면 다행스럽게도) 과학은 당시 사람들이 과학이 해결하기를 바라는 질문들을 제기할 수가 없다. 왜냐하면 그 질문들은 과학의 관심을 전혀 끌지 못하고 있기 때문이다.

"신학을 하지 마십시오. 당신은 분명 속을 것이기 때문입니다.[23] 그리고 능력 있는 권위자들이 당신에게 믿어야만 하는 것을 이야기하도록 내버려두십시오"라고 신앙 절대주의는 말한다. 불행히도(아니 매우 다행스럽게도) 문제가 되는 것은 믿음이 아니라 가장 위험하게 생각을 한다는 것이다.

과학적이지 못해 고심하는 철학

철학과 신학에는 역효과를 가져다 주는 성향이 있다. 철학은 과학을 몰아내고 자신의 입장에서 말하고 싶어한다. 그리고 일어날 모든 결과들을 예상할 것이라는 결정적인 인식론을 선보이면서 과학적 추론의 가능성들을 이끌어 내길 바라고 있다. 그래서 18세기 철학은 결정적인 성공과 유클리드 기하학의 완성, 그리고 뉴턴 물리학의 완성을 구축할 수 있다고 생각했었다.

또한 철학자는 과학적인 범주 안에서 엄격히 실행된 과학적 성과들이 철학자의 추론을 확인해 준다고 굳건히 믿을 수 있다. 생명론을 표방하는 모든 학파는, 근본적으로 아리스토텔레스 철학의 잠재적인 존재가 달걀의 단일 세포를 시작으로 유기체 구성 방식을 통해 **입증**되었음을 보여 주려고 노력하였다.[24] 햇병아리가 알에서 나오기 위해 알 속에 잠재적으로 자리하고 있어야 했기 때문이다. 그리고 더더구나 실험적으로 우리가 애초부터 알을 없애지 않고 파손하더라도 "감내한 부족한 부분에 대한 보상과 조화를 이루며 완벽하게 구성되는 유기체의 결손에도 불구하고 그 조직은" 있을 것이기 때문이다. 그러나 이 명제가 철학적으로 사실이라면, 이는 과학적인 의미를 부여하지는 않을 것이다. 과학은 명백하게 나타나는 결정의 단계에서, 잠재성을 지닌 존재를 유기적으로 구성할 수 없기 때문이다. 그렇다고 해서 잠재성을 지니고 있는 존재가 그런 자신의 입지를 그런 존재에게 절대 부여하지 않을 복잡한 논리학에서 과학적인 용어로 '바뀔 수' 없을 것이라고 의미하는 것은 아니다. 마찬가지로 경험적 시간과 관련되어 있기 때문에 아인슈타인의 물리학의 시공간의 상대성 원리로부터는 **그 어떤** 결론도 이끌어 낼 수 없다. 바로 이런 측면은 소칼이 철학자들에게 했던 비평을 근간으로 하고 있다.[25] ──더욱이 측면 그 자체는, 대부분의 경우 소칼이 목표로 삼았던 철학자들이 과학적 결과들을 부당하게 사용하지 않았지만, 그들이 철학적 개념 형성을 위해 과학적 결과들을 은유적으로 변형시켰다는 것을 포함하고 있지 않다. 결국 사고의 범주, 즉 유일한 추론의 방식——주제를 벗어날 수 있는 여러 가지 방식이 있을지라도——적절하게 관여할 수 있는 유일한 방식은 없는 것이다.

신학적 부정

동시에 종교의 명예를 실추시키려는 신학적 시도가 있다. 사실 신앙은 비평적 차원에서 단지 하나의 믿음일 뿐이라는 범위 내에서 정당하게 신앙심을 비난하고 있다. 그러나 신학이 종교들을 종교의 약한 측면(믿음)으로 축소시키고, 신앙에서 신학에까지 걸쳐 있는 것, 다시 말해 강한 이미지를 만들 수 있는 종교의 능력을 망각하면 신앙이라는 정당성은 없어진다. 더욱이 신앙이 자신만의 신심을 비평할 때, 신앙은 종교적인 창조적 능력이라는 형식으로 신앙의 고유 핵심을 만나고 이를 받아들일 것이기 때문에 부당하다는 위험을 훨씬 덜 받게 된다는 것은 주목할 만하다.

그러나 진짜 목적은 본래 중요한 추론들, 즉 철학과 신학으로서의 이성과 신앙을 대조해 보는 데 있다.

은밀한 철학

철학은 신학의 대상인 신을 생각하려고 한다. 자유로운 이성은 어떠한 제한도 받지 않을 것이기 때문에, 어떤 것도 철학이 신을 생각하는 것을 금하지 못하고 있다. 그래도 철학은 신학의 입장에 서서 신학을 해서는 안 된다. 다시 말해 신앙으로 나타나는 것에 대한 이해를 놓쳐서는 안 된다. 만약 철학이 신학의 자리를 차지하고 신학을 제거하려 한다면, 철학은 종교적 신앙을 이해하지 못한 채 종교적 신앙 행위를 하게 되거나, 아니면 철학은 신에 대한 개념을 막연하게 이해하는 것에, 즉 지고의 존재로서 무언가를 이해하는 것으로 만족해야만 할 것이다.

첫번째 처리 방식은, 예를 들어 데카르트의 저서 《성찰 V》에 담겨져 있다. 데카르트는 《성찰 V》에서, 안셀무스가 11세기에 《대어록》(對語錄: 원제가 《지성을 찾는 신앙》으로 신의 현존에 관한 존재론적 논증을 확립했다)에서 펼쳤던 논증을 계승하고 있다. 그 논증은 분명 철학적·신학적으로 가장 많이 사용되었던 논증들 가운데 하나이다. 우리는 이를 다음처럼 요약할 수 있다. 나는 신의 개념을 생각할 때, 사람들이 좀더 위대한 존재를 생각할 수 없는 것과 마찬가지로 존재에 대한 개념을 형성하고 있다. 그런데 만약 이 신이 존재하지 않았다면, 나는 존재하고 있는 그것보다 더 위대한 존재로 생각했을 것이다.

안셀무스의 논증은 지금도 유효하다. 그러나 그 논증은 이미 신앙을 가지고 있는 사람에게만 유효한 것이다. 왜냐하면 신앙을 갖는다는 것은 곧 다음과 같이 말할 수 있기 때문이다. 신에 대한 상상이 이루어질 때, 즉 사람들의 정신 속에 형성된 모습에 실존하는 존재의 모습을 더한 형상처럼, 바로 그런 모습으로 어떤 존재를 생각할 때 정신 속에 품고 있는 것, 그것이 바로 신앙이라 말할 수 있다. 더욱이 안셀무스는 《지성을 찾는 신앙》이라는 자신의 작품 제목처럼 **신앙을 추구하는 지성**이 아닌 **지성을 추구하는 신앙**을 보여 주었다. 이미 신앙을 가진 사람들에게 신의 존재를 증명한들 무슨 소용이 있을까라고 사람들은 말할 것이다. 그러나 이런 증명이 바로 신앙이다. 신앙은 신에 대한 개념이 **신을 포함하고**

있지 않으며, 그렇기 때문에 신앙이 신을 믿고 있다는 것을 확인하면서 신앙 자체를 검토하고 있다. 신이 개념 속에 포함되지 않는다는 사실, 신에 대한 개념이 신을 포함하고 있지 않을 것이라는, 다시 말해 개념은 신이 담고 있지 않을 것을 가시화하고 있다는 사실, 이런 사실은 신앙에 있어서 상당한 개념이 이미 예전에 형성되어졌다는 것을 입증하는 좋은 증거가 된다. 데카르트는 이 논증법을 자연적 진리의 범주에서만 계승하고 있다. 신에 대한 개념이 그 실존을 둘러싸고 있다고 데카르트는 말한다. 신에 대한 개념이 신을 포함하는 것이 아니라, 신을 실존자로 여기며 신의 개념을 형성하는 사람들을 억압해 개념 속에 실체가 있는 것처럼 포함시킬 수 없기 때문이다. 데카르트는 《성찰 III》에서 자신의 진정한 영향력을 발휘하고, 매우 비슷한 또 다른 논증을 발전시켰다. 만약 어떤 완벽한 존재(신)가 내 마음속에 완벽한 존재에 대한 개념을 심어 주지 않았다면, 나는 완벽한 존재에 대한 개념을 결코 나 혼자서는 형성할 수 없었을 것이다. 데카르트의 논증은 완벽한 존재에 대한 개념이 존재와 연결되도록 개념적인 단계에 엷게 영향을 미치고 있는 한 타당하다. 그곳에 있는 개념은 그것을 다루고 있는 명백한 추론보다도 더 명백하다. 데카르트는 이런 면에서 상당히 진전해, 마음속으로 내게 존재를 인식시켜 주는 것도 바로 완벽한 존재에 대한 개념이라고 연상시킬 정도이다. 신은 적어도 나 자신의 실존만큼은 증명되었다. 내가 존재해야 신에 대한 개념을 형성할 수 있기 때문이다. 그러나 그것은 바로 신앙의 고유한 움직임을 이용하는 것이다.

반대로, 철학은 신앙에 대한 내용을 빼먹을 수 있다. 우리는 안셀무스의 증명이나, 또는 데카르트의 증명을 통해 신의 존재를 증명하는 유명한 칸트 철학의 비판을 알고 있다. 예를 들어 상상의

1백 탈러(15세기말부터 19세기에 걸쳐 유럽 각처에서 통용된 은화)가 실제로 단 1탈러만을 가진 나를 부유하게 할 수 없는 것과 같은 이치로, 우리는 개념을 실제 존재하는 것으로 결코 생각할 수 없다.[26] 그러나 칸트가 논증을 펼치는 이런 방법을 비판한다면, 그것은 신의 존재에 대한 또 다른 증명을 제시하기 위해서일 것이다. 만약 또 다른 증명이 신앙의 행위를 검토할 수 없게 된다면, 그것은 신이 아닌 다른 것을 모호하게 제시하려는 철학의 약점을 입증하는 것이 될 것이다. 칸트가 이루어 낸 신은, 마지막 증명의 논리적 귀결을 위해 도덕적인 법칙을 확인하는 데 필요한 가설로서 제시된 신이다. 다시 말해 미덕이 보상받을 수 있기 위해서는, 아무도 미덕을 갖고 있지 않더라도 신만은 바르고 선량해야만 한다는 것이다. 그러므로 칸트는 신을 믿으려는 접근 방법을 철학적으로 이끌어 냈다고 생각한다. 실제로 우리의 마음속에는 그의 도덕적 법칙이 잠재적으로 자리잡고 있다. 그 법칙은 혹 우리에게 신의 존재를 믿도록 강요할 수 있으며, 특히 의무 사항을 말하는 목소리에 복종하도록 강요함으로써 우리 마음속에서 일어나는 모든 결정과 모든 성향을 압도할 수도 있다. 만약 도덕적 법칙이 칸트 철학에서 재치로 가득하다면, 칸트가 제시한 신은, 예를 들어 감히 사랑하라고 **요구하는**[27] 신학의 신과 비교해 보면 정말 볼품없고 부족한 면이 대단히 많은 신이다. 물론 칸트에게 불가능한 것처럼 나타난 것도 있다. 그것은 사랑은 요구되지 않는다는 것이다. "인간의 사랑에 의하면, 그것은 가능하다. (……) 그러나 그것이 요구될 수는 없다. 왜냐하면 단순히 명령에 의해서 누군가를 사랑하는 것은 불가능하며, 이는 그 어떤 인간의 능력에도 속하지 않기 때문이다."[28]

맹목적인 신학

신학과 철학의 관계는 철학과 신학 사이보다 언제나 더 좋은 것만은 아니다. 혹은 토마스 아퀴나스의 저서에 나타난 것처럼 철학은 신학이 필요로 하는 개념들을 제공해 주면서 신학을 뒷받침해 줄 수 있다.[29] 그러나 철학적 근간이 없는 철학은 용어가 다양한 의미를 지니고 있기에 더 이상은 철학적일 수 없다. 철학적 사고를 추구하는 절대 자유가 철학이 자기 고유의 권한을 포기하지 않도록 막아 주기 때문이다.

아니면 카를 바르트의 저서에 나타난 것처럼, 신에 대한 열정 앞에서는 하잘것 없는 인간의 지혜와 유사한 철학은[30] 죄를 지은 인간이 내뱉는 무의미한 말로 간주되고 있다. 그러므로 신앙만이 유일하게 모든 성찰을 초월하고 철학과 과학의 모든 비밀을 알아내는 절대적인 탁월한 신 앞에서의 결정, 즉 신앙의 부름이 갖는 생경한 특성을 통해 인간을 소급할 수 있다.[31] 그러나 그때 인간의 모든 사고는 불가능하게 되며, 신앙 그 자체도 자신의 고유 영역 한가운데에 신앙 절대주의를 구축할 위험이 있다.

사실 이런 모든 추론들은 서로 다른 논리적 타당성의 특색을 가지고 있다. 그러나 이들은 서로 흡수될 수 있다는 환상을 가지고 있다. 이들은 서로에게 영향력을 행사하지 않으면서, 또한 자신들의 의지로는 서로에게 도움을 주지도 서로를 비판하지도 않는다. 이들은 자기 자신의 범위를 벗어나지 않고서는 서로 연결될 수 없다. 그리고 만약 이들이 자신의 영역을 벗어나게 된다면 이들은 길을 잃게 될 것이다.

신학이 철학을 존중하지 않고 등한시할 수 있듯이 철학도 신학을 변질시킬 수 있다. 더욱이 이성이 신앙을 지배할 수 있다고 믿는 순간 이성은 더 이상 이성이 아니며, 신앙이 이성을 지배하고 있다고 믿는 순간 신앙은 더 이상 신앙이 아니다.

　그러나 단지 추론이 무엇인지를 모르고 있을 때에만, 추론들의 공존과 발전을 확신할 수 있을 일종의 격리 상태로 추론을 나누는 것은 만족스럽지가 못하다. 추론들의 단위를 생각해야만 한다. 따라서 이성과 신앙은 아무것도 부인하지 않은 채 서로의 영역 분할을 분명하게 할 수 있으며, 그리고 서로의 영역에 침해할 수 없는 특성을 분명 가질 수 있다. 그러므로 서로를 향한 개시의 원리를 찾아야만 할 것이다.

5

믿을 수 있는 이성

 이성은 개시의 원리를 포함하고 있다. 이성은 자신의 불투명한 어두운 측면에 대해 언제나 설명을 할 준비가 되어 있는 자연 진리는 아니다. 또한 이성은 이성적으로 진행되는 전개 과정 전체를 언제든지 생성할 수 있는 개별적인 발화 행위도 아니다. 이성에는 무한한 존재의 원리가 있다. 만약 합리적인 추론이 자신이 말하고 있는 것을 완전히 파악하고 있기에 매순간 적절한 설명을 할 수 있는 추론이라면, 그 어떤 추론도 이런 의미에서는 지극히 합리적으로 논의될 수 없을 것이다. 여전히 놀라운 면들은 있다. 그것은 모든 논증의 이론이 파악하고 있는 것이다. 주어진 영역에서 가능한 모든 논증을 이용할 수 있기에, 결국 사람들이 말하는 것을 믿을 수 있다. 그러나 더 이상은 절대 개방될 수 없도록 논증의 장을 완전히 닫는 것은 불가능하다. 2+2=4 라는 명백한 진리가 근본적으로는 10이 맞는 것이라고 배운다면 어떤 초등학교 학생들 놀라워하지 않겠는가? 기하학이나 철학, 또는 물리학을 하는 또 다른 방식들 중 이런 문제를 다루는 방식은 언제나 생기게 마련이다. 그러므로 이성은 이성적으로 발생된 것을 완벽하게 파악할 수 있는 그런 안정된 능력은 아니며, 다만 차츰차츰 이성 자신만이 가지고 있는 잠재적 가능성을 발견하는 충족되지 않은 능력이다. 그래서 사람들이 이성 속에 있는 비논리적인 그 어떤 것, 즉 이성의 한계에 도달했다고 생각하는 것은 옳지 않을 것이다. 그보다는 문제의 표현을 뒤집어 보고, 충족되지 않은 이성은 무엇이며 열린 이성은 무엇인지를 자문하는 것이 더 나을 터이다. 위기에 처했을 때의 이성은 그 어느 때보다도 더 이성적이다.

개시

실제로 두 가지 개시 원칙이 있다. 한편으론 안정된 영역을 넘어설 수 있는 뜻하지 않은 일이 반드시 일어나는 미래가 있다. 바로 그 점에서 사람들은 무엇 때문에 이성이 언제나 이성 그 자체인지를 가장 쉽게 이해하고 있다. 이성은 점점 더 이해의 깊이를 더해 가고 있다. 이런 혼란은 이제껏 드러났던 것을 무효화하지 않고 더욱 견고하게 해준다. 뉴턴 자신은 이해하지 못했지만 우리는 뉴턴을 더 잘 이해하고 있다. 우리는 뉴턴의 이성보다 더 타당한 이성을 근간으로 하고 있기 때문에 뉴턴이 옳았다는 **이유**를 이해하고 있다. 바슐라르는 "사고의 본질 자체, 그것은 사람들이 이해하지 못했다는 것을 이해하는 데 있기" 때문이라고 말한다.[32] 그런데 이해를 하고 있다는 것, 그것은 사람들이 진정으로 이해를 하지 못한 상태에서 이미 이전에 이해했던 까닭을 이해하는 것이다. 그리고 이해되지 않았던 것, 그것은 사람들이 이해했던 이유이다. 그러나 바로 이런 확인 작업 속에서 다르게 해석할 수 있는 가능성이 존재하는 역설적인 면을 볼 수 있다. 사람들은 좀더 이해를 잘 할 수 있는 순간에도 그렇게 **완성되어**졌던 것을 포기하고 내버려두고 있다. 교육을 위한 장소가 아닌 곳에서는 뉴턴 물리학을 더 이상 실행하지 않고 있다. 그러므로 이성은 앞으로 찾을 것에 대한 불확실함 속에서도 새로운 것에 대해 그 어느 때보다도 이성의 문을 열고 있다. 그렇다고 **이성에 대한 진전**이 있다고 말하는 것은 아니다. 이성은 변화하며, 이성이 발하는 행위는 과학의 경우처럼 그 결과를 향상시키고 있다. 이성은 중요하며 늘 같은 상태에 있다. 그렇지 않다면 이성은 여전히 이성이다라고 말할 이유가 없을 것이다. 이성은 결과의 변화를 통해서만 나타날 수 있는 행위로 이성의 문을 영원히 열어두고 있다.

또 다른 면에서 그리고 이성의 문이 열렸기에, 사람들이 논리적인 절차 과정 전부를 설명할 수 있을 것이라는 바는 사실이 아니다. 우리가 사용했던 표현 속에 명백히 드러나는 추론은, 사람들이 그 함축적인 과정을 명확하게 밝힐 수 있는 능력이 있어 명확히 드러나는 추론을 정의한다 할지라도, 모든 것이 완전히 이야기될 수 없을 것이라는 예상을 필연적으로 어둠 속에 포함하고 있다. 형식논리학에서는 명확한 언어와 이를 잘 정돈해 주는 함축적이고 자연 발생적인 언어(상위 언어)를 구별하고 있다. 명확하고 지극히 규범적인 언어로 상위 언어를 전체적으로 표현할 수 없다는 것은 논리학자들에 의해 잘 알려진 문제이다. 그러나 이것은 논리학적으로 사실이 아니다. 이성의 모든 작용 속에서 사람들은 일보 뒤로 물러서지 않을 수 없으며, 해야 할 말을 하기 위해 당장 사용 가능한 수단들과 타협하지 않을 수 없다. 따라서 논리적인 모든 추론은 합리성 안에서 실제로 전체적인 역할을 하는 어둡고 흐릿한 본질을 근간으로 해서 이루어지고 있다. 이성에 대한 정의를 변화시킬 필요도 없이, 논리적 추론은 명확하게 설명할 수 있는 추론과 명료하게 설명하고 있는 **추론만큼이나** 합리적이다. 이성 안에 있는 어두운 부분을 빛에 노출시킬 수 있는 단계가 바로 이성이기 때문이다. 사실 이성은 자신이 이성적으로 보고 말할 수 있는 것을 언제나 명백하게 밝힐 수 있는 것처럼 보인다. 그러나 그것은 많은 시간을 요하는 작업으로, 완성의 순간을 계속해서 연기하고 있기 때문에 절대 완성을 볼 수 없을 이성의 임무와 관련이 있다. 이 작업은 이성 안에서 생각지도 못한 깊이를 밝혀내고 있다. 다시 말해 이성이 명백하다고 여기고 있는 것은, 이성이 전혀 파악하고 있지 못한 생생한 가능성들을 내포하고 있다. 이성은 현재 미완성의 상태에 있기는 하나, 그런 상태의 모습으로 머물러 있지는 않을 것이다.

믿을 수 있는 이성

이성을 초월하지 않은 이성은 없다. 이성은 그렇게 이해되어져야만 하며, 이성에도 유동적인 부분이 있음을 인식해야만 한다. 이성은 인식하지 못한 상태에서 발생한 것을 완전히 믿으며 받아들인 경우에도 예상치 못했던 뜻밖의 일이 이성적이라고 수용시킬 수 있다. 이성은 아직도 인식하지 못한 채 작용해야만 한다. 다시 말해 이성은 자기 자신을 믿어야만 한다. 이는 이성에 합리성을 부여해 준다. 파스칼은 모든 논증보다도 더 논리적인 이성의 근간을 **직관**이라 명명하고 있다.[33] 이성은 이성 그 자체의 능력을 가지고 있는 한 신앙이 아닌 이성 고유의 합리성을 기대하고 있다.

이성 그 자체 속에서 이루어지는 이성에 대한 믿음은, 이성을 고무시켜 합리적인 것을 이성 쪽으로 이끌어 가는 보장이 아니다. 아니 오히려 신앙인 이런 믿음은 장차 인식론적인 단순한 보장에 그 한계를 짓지 않고 있다. 그런 믿음은 이성의 방향을 정해 주는 원리이며, 그리고 그것은 이성이 바라고 있는 **욕구**, 즉 이해하고자 하는 이성의 바람이며, 이성을 향해 가는 관심이다. 단순하게 경험만 하는 상태에서 경험에 대한 명석한 설명을 할 수 있게 되는 상태로의 변화는 어떤 이유에서 그리도 기쁜 걸까? 왜냐하면 우리는 현실의 실재, 다시 말해 우리가 살아 있음을 주지시켜 주면서 우리 눈앞에 나타나는 것, 명백하게 모습을 드러내는 것 외에는 아무것도 바라는 것이 없기 때문이다. 우리가 이해를 하면 할수록 세상은 좀더 현실적이 된다. 실제로 우리가 세상에 대해 하고 있는 경험은 그 사실이 밝혀져 명백하게 설명할 수 있게 되었다. 행복하다는 것은 보다 실제적인 현실 속에서 사는 데 있다. 현실이 무한한 것을 지향할 때 삶은 영원성을 지향한다. 물론 영원성은 **장수**(長壽)라는 용어가 아닌 **강력한 힘**이라는 용어로 해석되어져야만 할 것이다. 이런 의미에서 스피노자는 "우리는 영원하다는 것을 경험을 통해 알고 있다"[34]고 말했다. 영원한 삶이란 삶이 무한히 심오해지는 것과 같은 것이다.

그러므로 무한한 존재가 있는 장소를 이성의 범위 안에서 확인하고, 그것에 이름을 붙이는 것이 가능하다. 칸트는 이를 **선험적인 것**이라 칭하고 있다. 거기서 이성의 한계점들이 이성을 제한하지 않고 숨기지는 않으나, 그러나 그것을 이성이 느낄 수 있을 모든 만족감보다도 더 고귀한 목적지라 명하고 있다고 이성은 평가하고 있다. 이성은 오직 한계점들에만 관심을 가지고 있다. 다시 말해 이성의 지식적 한계, 이성 자체의 한계에 관심을 가지고 있다. 이성을 끝없이 추구하도록 진정으로 열어 주는 것은 언어 속에 반영된 실존의 행복감이다.

신앙을 포함하고 있는 이성

이성 그 자체의 능력을 지닌 이성은 신앙의 능력을 가지고 있다. 이성은 신앙이 무슨 이유로 그 고유한 합리성을 결단코 무너뜨릴 수 없는지를 이해할 수 있다. 그러므로 이성이 합리적이라고 파악된 곳에서조차도, 신앙의 행위를 통해서 이성은 종교적인 신앙까지도 이해할 수 있어야만 한다.

이성에 속해 있는 신앙의 합리적인 행위의 이름으로, 이성은 종교적 신앙을 **이해**할 수 있어야만 한다. 그러나 이성은 난관을 극복할 수 없으며, 믿음이 될 수 없다. 이성은 신학을 대신하는 철학의 고전적 환상에 다시 빠지게 될 것이다. 그렇다면 이성에 있어서 신학적 믿음을 이해하고 있다는 것은 무엇을 의미하는가?

세 가지 측면에서 그러하다. 우선 객관적인 이성이 이 분야에서 완전히 제외됐다 할지라도, 철학적 이성은 신앙을 **이해**할 수 있다. 이성은 이성 자체를 바탕으로 실행되는 비판적인 움직임 속에서, 성전 속에서 믿기로 결심한(또는 믿을 수 없는) 부분에 정신을 쏟을 수 없는 자신의 무능함을 느낄 수 있다. 그런 방법으로 이성은 신학적 신앙에 이성 자체에 대한 권한을 넘겨 주어, 신학적 신앙에 대체되지 않기를 바라고 있다. 특히 이성은 그것보다는 훨씬 더 강한 것이라고 생각되지 않는다. 일시적인 판단 중지를 하는 것에 대한 절대 중립적인 자세에서도, 이성은 믿을 수 있는 행위를 생성할 수 있다. 이성은 믿을 수 있는 행위를 실행도 하지 않고서 믿음의 행위에 대한 경험을 개념화하기 위해 믿을 수 있는 행위를 **흉내낼** 수 있다. 사람들은 이를 흉내내는 것이라고 말하고 싶을 것이다. 이성은 성전 속에 나타난 신앙의 행위가 성구에 몰두하는 사람들을 위해 어떻게 세상의 실체를 견고히 해주고 있는지를 이해할 수 있기 때문에 그것은 가능하다. 예를 들어 "너희도 가려느냐?"(너희의 신앙이 지속될 것인가?)고 묻는 그리스도와 "주여, 영생의 말씀이 계시매 우리가 뉘게로 가오리이까"[35](환영받을 정도로 그대는 현실 그 자체의 길을 끝없이 열어 주는 것을 말하고 있습니다)라고 대답하는 베드로 사이의 대화를 이성은 끝까지 따를 수 있다. 그러므로 이성은 신학적 신앙의 행위를 실행하는 사람들의 행동을 중요하게 여기며 신뢰할 수 있다. 왜냐하면 이성은 신학적 신앙 행위를 하는 사람들이 감내한 위험을 측정할 수 있기 때문이며, 그리고 그 어떤 단순화된 해석을 하도록, 즉 그 어떤 미신적인 생각을 하도록 내버려두지 않는 위험을 측정할 수 있기 때문이다.

이런 면에서부터 이성은 자신이 가지고 있는 고유하고 합리적인 신앙을 더 잘 이해할 수 있다. 신학적 신앙의 행위 앞에서 **우유부단함**을 넘어설 수 없음을 인지하였기에, 이성은 그 자신 속에도 그와 똑같은 이상한 **우유부단함**이 있음을 인지할 수 있을 것이다. 이성은 가장 결단력 있는 판단이 이성의 고유한 영역을 벗어나 있음을 파악할 수 있으며, 결단을 내리는 것도 바로 이성임을 잘 알 수 있다. 이성은 이유를 말할 수는 없으나 이성 자체를 확실히 인식하고 있을 필요가 있다. 우리가 애매함을 조금도 없앨 수 없으면서, 마치 사정을 잘 알고서——신앙에서와 마찬가지로 이성에서도 물론——결정을 내린 것처럼 사실 모든 것은 그렇게 일어나고 있다. 우리는 전적으로 우리의 잘못으로 실수할 것이다. 우리는 우리가 내린 결정에 대한 모든 책임을 지고 있다. 아무것도 우리의 결정을 보장해 주지 않기 때문이다.

결국 이성은 신앙이 신학적으로 완성했던 개념들을 철학적으로 받아들일 수 있다. 따라서 아우구스티누스로 만족하기 위해, 기호에 대해 아직도 심사숙고하고 있는 것을 창시했던 것은 바로 성사(聖事)에 대한 반성인 것이다.[36] 특히 우리는 그곳에서 **사물과 기호**, 즉 현대 언어학 입문을 나타내고 있는 1911년의 《일반 언어학 강의》[37]에서 **기의**와 **기표**란 이름으로 페르디낭 드 소쉬르가 다시 언급한 사물과 기호간의 결정적인 구분을 찾을 수 있다. 더욱이 성서를 여러 언어로 해석해야 하는 필연성은 성서[38]에 나타나 있었기에, 언어에 대한 고찰을 하도록 이끌었다. 플라톤에 의해 그리스어로 부당하게 인식된 특성은 일소되었다. 그런데 이 특성은, 수학이 수학 장르에서 완벽한 것이었던 것처럼 언어 장르에는 완벽한 언어가 있었음을 믿도록 하면서 사고를 제한하고 있었다. 또한 삼위일체를,[39] 그러니까 '하나=삼이 절대적인 신의 삶이다' 라는 불가능한 것을 생각하려는 눈에 띄는 노력은 헤겔의 저서에까지 영향을 미칠 것이다. 변증법의 세 단계(긍정, 부정, 부정의 부정)는 삼위일체의 삼위(성부는 긍정이고, 영혼은 비어 있는 상태로 십자가에서 죽은 성자는 부정이며,[40] 죽은 자를 죽게 해줌으로써[41] 성자를 소생시킨 성신은 부정의 부정이다)를 계승하고 있다. '하나님의 형상대로 창조하신'[42] 인간에 대한 아우구스티누스학파의 의문은, 결국 기억(성부의 이미지를 지닌 무궁무진한 유산)과 지혜(언어, 즉 성자의 이미지를 지닌 하나님의 말씀)와 삼위간의 의지(욕망, 다른 두 삼위, 즉 성부와 성자를 향한 그리고 두 삼위간에 일어나는 성신의 사랑)[43]로 인간에 대한 이해를 시작하였다. 이런 이해는 절대로 지나치지 않으며, 인간에 대해 이야기되고 있는 것을 우리는 아직도 이를 바탕으로 이해하고 있다. 예를 들면? 《표현과 사물》의 끝부분에서, 미셸 푸코는 '바다의 끝에 있는 모래의 얼굴처럼 지워질'[44] 인간에 대한 관심은 소멸될 것이라 예고하고 있다. 그러나 그는 그 자리에 무엇이 오리라 생각하고 있는 걸까? 그것은 세 가지의 심급일 것이다. 삼위일체의 세 가지, 즉 성자의 죽음, 성신의 희망, 성부의 계율을 무의식적으로 모방한 죽음과 희망 그리고 계율[45])이 있을 것이다.

6
이성을 느낄 수 있는 신앙

신앙이 어떤 방식으로든 표현되지 않았다면, 그것은 완전히 보이지 않게 되었을 것이고 신앙 그 자체로 남았을 것이다. 그래도 그것은 역시 신앙으로 남아 있을 것이며, 신앙은 깊을 것이다. 사람들은 **신앙심**이 두터운 삶을 상상할 수 있다. 그리고 그 삶은 믿을 만한 직관을 통한 것처럼 삶의 작동 원리를 전혀 드러내지 않은 채, 삶의 심오한 본질에 따라 펼쳐질 것이다. 이성은 완전히 논리적인 것일지라도 합리적인 추론 속에 그 모습을 드러내야만 한다. 이성의 결과로 나타나는 제스처는 실재의 모습을 이루고 있다. 그러나 신앙은 자신을 표현하기 이전에 이미 완전한 신앙 그 자체이기 때문에 억지로 모습을 드러낼 필요는 없다. 어둠의 심연 속에서 신앙이 느낀 것을 '신앙보다 앞서서 상연되도록' 할 때, 신앙은 그 자신의 작업 속에 단지 간접적으로만 토로될 뿐이다. 이성의 작업은 합리성 그 자체이다. 그러나 신앙의 작업은 또 다른 입장을 취하고 있다. 다시 말해 신앙의 작업은 신앙의 증거물이며 **흔적**이지만, 결코 신앙 그 자체일 수는 없다. 그런데 이런 흔적은 고유성을 지니고 있는 여러 가지의 토양으로, 즉 문학·회화·인생 그 자체, 기타 등등에 담겨져 나타나고 있다. 이로 인해 이상한 결과가 나타났다. 신앙은 자신의 언어는 아니지만 이해하기 쉬운 언어를 항상 사용하고 있다. 그러기에 신앙의 작품을 읽는 독자는 신앙을 가지고 있지 않더라도 자신이 읽는 것을 이해할 수 있다.

물론 신앙을 가지고 있지 않은 독자는 신자인 독자가 작품을 읽고 이해할 수 있는 만큼은 이해하지 못할 것이다. 그러나 성서나 파스칼의 《명상록》을 읽은 무신론자는 자신이 읽고 있는 것을 이해할 수 있다. 한번도 수학을 하지 않았던 사람이 수학자들의 텍스트를 읽길 바라고, 그래서 수학 텍스트를 읽었을 때 아무것도 이해하지 못하게 되는 그런 입장에 무신론자가 처해 있는 것은 아니기 때문이다. 따라서 신앙과는 별개로 작품의 명료성이 신앙 작품을 명확히 이해시켜 주고 있다. 그 결과 철학적으로 이해할 수 있는 중세의 《신학 대전》의 거대한 개념 형성에서 시적으로 받아들일 수 있는 신비주의 신학 작품까지 연결시켜 주는 다양성이 나타나고 있다.

그러나 어떻게 보면 차용된 이런 명료성들을 통해서, 신앙의 표현법에 대한 이해가 아닌 신앙에 대한 적절한 이해가 있어야만 한다. 신앙에 대한 표현을 자유로이 이해하는 데에는, 이야기되고 또다시 언급될 수 있어야만 할 신앙 자체에 대한 그 무언가가 필요하다.

표현

신앙을 위해 하나의 이국을 이루는 구성 요소 속에서, 신앙은 신앙 그 자체와는 전혀 다르게 표현되고 있다. 예를 들어 장 드 라 크루아가 〈양치는 소년〉이라는 시를 쓸 때, 그는 그 시대의 문학 장르로 남녀 목동들의 사랑을 노래하는 전원시를 계승하고 변형, 변질시키고 있다.

어떤 양치는 소년, 외톨이가 되어, 괴로이 가네.

그에겐 이제 기쁨도 환희도 없네, 자신을 위해 존재하지도 않네,
양치는 소녀를 끝없이 생각하고 있기에,
사랑의 마음은 깊은 비탄에 빠져 있네.

사랑의 상처를 받았음을 슬퍼하지 않네,
건강이 좋지 않다는 것 또한, 그에겐 고통이 아니네,
고통이 그의 마음을 괴롭히고 있다 할지라도,
자신이 잊혀졌다는 것을 생각하며 슬퍼하네.

그런데, 양치는 소녀에게
잊혀졌다는 그 생각에, 대단한 고통 속에
멀리 떨어진 곳에 홀로 있네,
사랑의 마음은 깊은 비탄에 빠져 있네.

슬프도다! 양치는 소년이 탄식하네, 마음이 멀어져 버린
내 사랑을 갈구했던 불운한 이에게,
내 존재를 더 이상 갖길 원하지 않는 이에게
그리고 내 마음속에 깊은 비탄에 빠진 사랑의 흔적이 남았었네!

그리고는, 먼 훗날, 그는 자신이 두 팔을 펼쳐 놓은
나무 위에 천천히 올랐었네;
그리고 그는 죽었네, 두 팔에 매달린 채 영원히,
사랑의 마음은 깊은 비탄에 빠져 있네.[46)]

 사랑에 대한 한 편의 시다. 한편으론 전혀 다른 시이기도 하다. 만약 이 시에 신앙에 대한 증거가 있다면, 그것은 바로 시간적 차

이 때문이며, 변형력 때문이다. 장 드 라 크루아는 양치는 목동들의 사랑 이야기로 시를 쓰고 있다. 그러나 그는 **실제로는** 매우 다른 이야기, 즉 자신을 외면해 버렸던 인간을 사랑하는 그리스도에 대한 사랑 이야기를 생각하고 있다. 연인에게 잊혀진 목동의 상황과 십자가 위에 못박힌 그리스도의 상황, 이런 두 상황간의 동떨어진 큰 차이는 기적적으로 일어나게 될 '영감'에 의한 것이 아니라, 순수하게 문학적인 작업에 의한 것이라는 증거가 갖는 모든 힘을 받아들이고 있다. 게다가 장 드 라 크루아는 초고와 이본을 쓰는 습관이 있다. 그는 이것들을 주위 측근들에게서 평가받았고, 그리고 이를 해설하였다. 여기에는 **신앙**과 시의 경계를 구분지을 수 있는 것이 아무것도 없다. 신앙과 시는 별개의 것이기 때문에 아무것도 그것들을 동일시하지 못했다. 모든 일은 단지 시만 있었던 것처럼 진행되었다. 그렇기 때문에 신앙은 진실되게 표현되어져 있었다. **신앙**은 텍스트와 혼동되지 않으면서, 그리고 다른 곳에서도 찾아낼 수 없는 상태로 텍스트에 나타나 있다. 신앙은 텍스트에 비하면 분명 문학적 창작 행위이다. 여기서 신앙은 창작 행위이며, 모든 선택에 책임을 지는 능동적인 핵심 요소이다.

시의 한 구절을 통하지 않고서 "사랑의 마음은 깊은 비탄에 빠져 있네"라고 말할 수 있는 방법이 시적으로는 없다. 그러나 신학적으로는 그것이 가능하다. 다시 말해 신이 가진 상처받기 쉬운 허약한 감정에 대해, 사랑으로 고통스러워하면서도 변함 없이 신으로 존재하는 어떤 신에 대한 의미를 신학적으로는 펼칠 수 있다. 바로 여기에 모든 차이점이 있는 것이다. 시적 창작 행위는 다행스럽게도 표현을 하는 데 공을 들이며, 신앙의 행위는 스스로 자제해, **또 다른** 외형을 지닌 모습으로 나타나고자 자신의 정체성을 유지하고 있다. 신앙은 다양하게 나타나는 겉모습 속에서 자기 자신의 절대적인 정체성을 유지하고 있다. 따라서 이런 정체성은 신앙 속에서 이해될 수 있다. 신앙에 대해 적절한 이해를 할 수 있게 해주는 명료성의 원천이 바로 이 정체성이다.

합리성

창작 행위이자 절대적 정체성의 유지인 신앙은 자신의 영역에서는 최고이다. 따라서 신앙 그 자체를 제외한다면 근본적 규범인 신앙을 규정할 수 있는 것은 아무것도 없다. 신앙은 지성과 의지가 섞이는 곳이다. 토마스 아퀴나스는 신앙을 지성의 덕(다시 말해 힘)이라 하였다.[47] 데카르트는 **의지**라는 명목하에 지지의 힘, 다시 말해 **그렇다고** 또는 **아니다**라고 말할 수 있는 **절대적인** 힘을 묘사하고 있다. 의지가 "너무도 강하기 때문에, 그래서 나는 보다 풍부하고 폭넓은 또 다른 것에 대해서 조금도 생각할 수 없다"고 그는 말한다. "그러므로 내가 신의 모습과 유사한 이미지를 지니고 있다고 나를 인식시켜 준 것 또한 의지이다."[48]

이런 난점을 명확히 밝혀내기 위해서는 데카르트와 함께 해야만 한다. 신앙의 창조력에 나타나는 신앙은 **또한** 이성에도 존재한다. 게다가 신앙은 신앙 자체를 갖춘 이성의 현존이다. 신앙은 자기 고유의 영역에서 이성에 대한 절대적인 힘이 있다. **이성 안에 있는 신앙**은 다만 우리가 이미 알고 있었던 것을 당장 되찾게 해 줄 뿐이다. 그러나 데카르트의 저서에는 보다 더 많은 것들이 있다. **긍정**과 **부정**으로 나타나는 의지는, 내가 무엇이든지간에 동의를 할 수 있다는 것을 보여 주는 분명한 의지 표명이 갖는 무한한 힘이다. 결론적으로, 나는 내가 원하고 있는 만큼 실수를 할 가능성이 있다. 그러나 데카르트는 적수의 계략을 뒤집어 볼 줄 알며, 또한 의지 속에서 분명하게 의지를 표명하는 힘과 동의하는 힘을 구분하고 있다. 의지의 숭고한 힘은 진리 앞에서 스스로 무너진다. 바로 이런 이유에서 실수하지 않으려는 방법이 생겨난다. 그 방법이란 마음속으로 지지를 하고 있는 만큼 거절을 하는 것, 즉 **아니다**라고 말하기 위해 애쓰고 있을 때 **그렇다**라는 말이 튀어나올 때까지 **아니다**라고 말을 하는 것이다. 데카르트 철학의 의지는 신앙에서처럼 절대적으로 지지를 하는 힘이다. 그러나 데카르트 철학의 의지는 단순한 믿음을 거부하는 불신 또한 가지고 있다. 그러므로 신앙은 이성 그 자체에 포함되며, 자신의 합리성을 이성에 부여하고 있다. 신앙은 합리성의 모체이다.

종교적 신앙과 **논리적 신앙**이라는 두 개의 부분 집합을 포함하게 될 **신앙**이라 총칭된 집합이 나타날 수 있어야 할 것이다. 또한 두 부분 집합이 같은 집합에 속하는 것이 단순히 나란히 늘어 놓은 병렬은 아님을 이해해야만 할 것이다. 물론 두 부분 집합은 똑같은 힘으로 작용을 한다. 따라서 사람들이 한 부분 집합에 대해 이야기한 것은 필연적으로 또 다른 부분 집합에도 영향을 미친다. 이미 구축되어 버린 차별성에 관해, 그리고 철학을 신학으로, 신학을 철학으로 대체시킬 수 없는 불가능성에 대해 재검토하는 것이 정말로 필요한 것은 아니다. 그러나 사람들이 신앙의 범위 안에서, 즉 어둠 속에 숨겨져 있는 모든 명료성의 절대적 원천 속에서 논리적인 신앙과 종교적인 신앙을 구분할 수 없다는 것을 인식하는 것은 중요하다. 이성과 신학적 신앙은 상류에 아주 잘 숨겨져 있는 똑같은 근원을 추론의 하류로 이끌어 주는 서로 다른 두 가지 방법인 것이다.

데카르트는 똑같은 근원이 문제가 되고 있음을 잘 인지하고 있었다. 그가 사용한 어휘가 이를 증명해 주고 있다. 우리의 의지가 범할 수 있는 실수에 대해 말하기 위해 데카르트는 다음과 같은 합리적이면서 동시에 신학적인 표현을 사용하고 있다. "그것은 내가 **실수를 하도록** 하며, 내가 **죄를 짓도록** 하고 있다."[49]

데카르트는 진리에 저항하는 힘의 붕괴 속에서 하나뿐인 진실의 기준을 인식한 순간에도, 의지를 동반한 **필연성**을 진리에 대한 표시 자체로 간주한다. 그 결과 데카르트는 철학적 진리에 동의하는 것과 의지력의 지배를 받는 신의 은총에 동의하는 것을 같은 차원의 진리로 간주하고 있다. "그리고 확실히 신의 은총과 자연스러운 인식은 나의 의지를 감소시키기는커녕 오히려 증진시켜 주며, 나의 의지를 더 견고히 해준다."[50]

교 차

사람들은 아마 그런 경우에 신앙과 이성의 관계를 가장 잘 이해할 수 있을 것이다. 동시에 신앙과 이성이 가지고 있는 어두운 근간에서도 그 둘을 거의 구별할 수 있는 원리를 가장 잘 파악할 수 있을 것이다. 그건 이미 확인이 끝난 얘기다. 진리는 고유한 움직임으로 우리 앞에 나타나며, 이성은 진리를 창안하고 그것을 구축하는 순간에도 진리의 뜻을 따르고 있다. 데카르트 철학을 신봉하고 있는 말브랑슈는, 관념이 그 고유의 힘과 내적인 필요성에 의해 관념 그 자체로 우리에게 다가온다는 사실을 알고 있었다. 그리고 그 사실은 **또한** 관념들이 우리에게 은총으로 다가온다고 이해될 수 있다. 아마도 최후의 지점이 그와 같을 것이다. 진리는 근본적으로 신앙에 속한다. 그 어떤 경우에도 진리는 자기만의 고유한 움직임을 하기 때문이다. 이는 또한 인간의 유한성이라 칭해질 수 있다. 파르메니데스를 통해 이미 알려진 오래 된 지식이 있다. 진리의 사원 문은 안쪽에서만 열 수 있으며, 그리고 유일하게 여신만이 그럴 만한 가치가 있었던 사람에게 사원의 문을 열어 줄 수 있다. 왜냐하면 그녀는 정의의 여신 디케이기 때문이다. 알고자 하는 욕구에 열정적으로 이끌리고 있는 철학자가 모든 인간의 여정 속에서 방황을 할 때면, 그 철학자를 잡아 주는 이가 바로 그 여신이다.[51] 진리는 조심성 있는 그 어떤 인간도 거부할 수 없는 신이 준 선물이다. 혹 기증자가 있다면, 그것은 바로 신학적 신앙을 최후의 단계로 삼고 있는 은총일 것이다. 기증자가 없다면, 그것은 논리적인 신앙을 최종 단계로 삼고 있는 의미 부여가 될 것이다. 그 어떤 것도 보다 깊숙이 진보될 수는 없을 것이다. 신앙과 이성은 높은 곳을 통해서만 전달된다. 이성과 신앙은 첫발을 내디딜 때부터 서로 분리된다. 그리고 사람들이 이 둘을 함께 말하고 싶다면 무한의 소실점을 다시 통과해야만 할 것이다.

이는 물론 밝고 명료한 이성이 진리의 독점을 요구할 수는 없다는 것을 의미한다. 머시아 엘리아데는 진실로 우리가 유일하게 개념적 이성에 의해서만 삶을 살아가기보다는 좀더 넓은 의미의 이성에 의해 삶을 체험하고 있다고 말한다. "상징적 사고는 아이·시인, 또는 불균형을 배제한 영역이 아니다. 그것은 다시 말해 인간과 불가분의 관계에 놓여 있다. 그것은 논증적인 이성과 언어보다 앞서 일어난다."[52] "게다가 현대인의 의식에서 가장 '고귀한' 부분은, 사람들이 정신적인 부분이라고 믿고 싶었던 것보다는 덜 '정신적'이다."[53] 정신적이고 심오한 의식의 진짜 삶은, 오히려 "가장 세속적으로 실존하는 것들에 대한 반의식적인 흐름에 있다. 다시 말해 의식이 '한가한 시간'을 가질 때(거리에서, 지하철에서 등

등) 이미지에 대한 자유로운 놀이를 하는 중에, 우울함 속에, 백일몽 속에 있다." 그러므로 사람들은 보다 폭넓은 합리성을 따르기보다는 보다 냉철하고 보다 강한 합리성을 따르고 있다.

그러나 이것은 결론도 없이 신앙이 지배하고 있는 합리성을 따라야만 하는 신앙의 본질 그 자체에 대한 것은 아니다. 어머니가 딸보다 덜 논리적일 리 없다. 만약 신앙이 종교적 신앙과 합리적 신앙을 할 수 있는 능력이 있다면, 사람들은 이 두 신앙의 분기점이 되는 각각의 측면의 어떤 점을 찾아야만 할 것이다. 종교적인 신앙은, 마치 신앙이 합리성의 원천이 아니었던 것처럼 그렇게 행동할 수는 없을 것이다. 그것은 자신의 뿌리를 단절시킴으로써, 그래서 종교적 신앙으로서 자신을 잃어버림으로써만 합리성의 원천인 것처럼 행할 수 있을 것이다. 〈창세기〉의 천지 창조 이야기를 진화에 대한 객관적인 텍스트와는 모순되는 것으로 읽어 나가고 있는 근본주의 해석학자들은 과학과 대조해 보는 것으로 만족하지 않는다. 그들은 숭배하고 있는 이야기에 대해서, 특히 종교적인 의미를 잃어버리고 있다. 그런데 이상한 점은 종교적 신앙이 이성을 따를 의무가 없다는 것이다. 그러나 종교적 신앙은 이성의 주인이며 발상지이기 때문에, 그것은 자기만의 합리적인 능력을 발휘해야 할 것이다. 어머니가 그 딸보다 덜 합리적일 수는 없다. 어머니는 **그 딸을, 그리고 자신이** 생각하고 있는 것을 결코 부인할 수 없다. 다시 말해 종교적 신앙은 이성이 확립해 놓은 것에 동의하기를 거부할 수 없다. 종교적 신앙은 또한 자신의 영역에서 이성을 억제할 수도 없다. 분명한 것은 다음과 같다. 신학자는 신앙의 우월성이 이성을 실질적으로 구속하고 있음을 부정하면서 이성에 대한 신앙의 우월성을 부정하고 있다. 그렇기 때문에 놀랍게도 **금방 그리고 필연적인 결과로 무신론자임을 고백하지 않은 상**

태에서는 그 어떤 신학자도, 그 어떤 종교적 권위자도 이런 의미에서는 철학적 또는 과학적으로 합리적인 요구를 할 수 없다는 것이다. 바로 그것이 신앙이 이성의 능력을 갖도록, 다시 말해 신앙이 이성과 혼동되지 않은 상태에서 철학적이었던 것**처럼** 이성적일 수 있도록 해주고 있다. 그리고 이성은 신앙과는 독립된 완전한 위치를 확고히 하고 있음을 신앙이 인정할 수 있다는 또 다른 의미에서 신앙이 이성적인 능력을 지닐 수 있도록 만들어 준다. 어머니의 성공과 똑같은 친숙한 은유를 하자면, 그것은 곧 그 딸의 독립이다.

사물의 올바른 귀환으로 이런 상황은 바로 이성이 신앙의 능력을 가질 수 있도록, 다시 말해 이성이 신앙의 행위 가능성을 이해할 수 있도록, 그리고 종교적 신앙의 독립을 보장할 수 있도록 만들어 주고 있다. 딸들의 독립은 그들의 어머니가 **또한** 독립적이라는 것을 이해할 때 비로소 시작된다.

이성의 한가운데에서

ㄱ
신앙은 숨김이 없는 이성이다

신앙과 이성의 관계를 나타내 주는 은유적 표현이 있다. 빛은 빛을 발하지 않는 사물을 통해 반사되어야만 볼 수 있다. 빛은 프리즘을 통해서만 자신의 색색의 빛을 전달한다. 밝게 비추어진 각각의 색은 빛이 지닌 가능성들 중의 하나일 뿐이다. 우리는 플라톤의 저서에서 이런 사실에 대해 찾아볼 수 있다. 플라톤의 저서 《국가》를 보면, 태양은 자신이 밝게 비추는 대상들에게 자신의 존재를 주고 있다고 씌어져 있다.[54] 그러나 반사되지 않은 빛은, 엄밀히 말해 눈으로 볼 수 없는 것이다. 즉 어둠은 밝음의 중심 부분에 자리하고 있다.

따라서 사람들은 눈에 보이는 빛은 이성이고, 빛을 가지고 있는 내부의 어둠은 신앙이라고 쓰고 싶을 것이다. 그러나 이성과 신앙은 보다 더 큰 역설을 제시하지 않는다면 동일한 것이면서 상반될 것이다. 이런 표현이 완전히 정확한 것일 수는 없을 것이다. 이성은 밝게 비춰 줄 수 있는 능력을 가지고 있는 것이지 빛을 받고 있는 것은 아니기 때문이다. 다시 말해 이성은 신앙만큼이나 매우 빛을 비추어 자명하게 해주기 때문에, 그래서 신앙만큼이나 어두운 것일 수 있다. 이성이 이성 그 자체로 나타나고자 파악하고 있는 유일한 방법은 이성이 아닌 것을 밝게 비추어 주는 것이다. 따라서 이성 앞에서 펼쳐지는 이성의 내용은 전달되고 있다.

이성은 어둠을 밝게 비출 수 없다

그러면 빛을 발하는 어둠을 밝게 비추어 준다는 것은 무엇을 의미할까? 어둠을 밝게 비추어 줄 수 있는 유일한 방식이 어둠이 아닌 다른 것을 밝게 비추어 주는 것은 아니지 않은가? 그리고 밝은 빛을 받은 어둠이 낮은 아니잖은가? 이성이 자신 안에 있는 이런 어둠을 인식할 때, 이성은 자신이 명확해지지 않는다는 사실을 이해시키려 애쓸 것이다. 그러나 이성은 자신의 본질과 상반되는 이런 작용의 끝에 도달하지 못할 것이다. 베르그송은 다음을 구분해야 할 필요가 있다고 쓰고 있다. "사고(思考)의 빛은 당장이라도 덜 후미진 은밀한 부분에 침투해 들어갈 수 있기 때문에 그 빛을 사고로 유지하고 있는 사고와, 사고의 모든 부분을 밝게 비춰 주고 있기에 광선이 외부로 노출된 사고를 구분할 필요가 있다." 외부로 발산되고, 그리고 가장 강력하고 생명력 있는 사고는 "처음에는 내부적으로 어두울 수 있다." 그러나 결국 그것은 밝게 드러난다. "그 사고가 자기 주변에 투영하고 있는 빛은 반사를 통해 다시 자신에게로 돌아온다. 그리고 그 빛은 점점 더 깊이 있게 사고를 하도록 해준다. 따라서 그것들은 자기 자신을 명확히 할 수 있는 동시에, 그 이외의 나머지들을 명확히 밝힐 수 있는 이중의 능력을 지니고 있다. 그래도 그것들은 명확히 밝힐 시간이 필요하다."[55] 우리는 어둠이 아닌 다른 것을 명확히 하는 것이 여전히 중요하다고 지적할 것이다. 이성은 자기 안에 빛을 지닌 어둠이 있음을 **알지 못하며**, 인식할 수도 없을 것이다.[56]

낮보다 더 빛을 발하는 신비한 어둠

아마도 어둠을 통해 어둠을 밝힐 수 있다는 것은 종교적 신앙이 가진 가장 큰 독창성일 것이다. 이것이 바로 신비주의 신학의 과제이다.

신비주의 신학의 과제는 철학적으로는 좋은 평판을 얻지 못하고 있다. 실제적으로 그것은 규범이 없는 추론, 뻔뻔스러운 페이소스, 사고의 회피가 일어날 수 있는 가능성의 길을 열어 주고 있다. 왜냐하면 자신이 자리하고 있는 그 어둠을 방패삼아, 맹목적인 신앙은 무엇이든지 분명하게 표명할 것이고, 그리고 가장 큰 혼란 속에서도 어둠을 믿을 것이기 때문이다. 그러므로 헤겔이 야코비와 슐라이어마허의 낭만주의적 성향에 대해 내린 판단을 신앙에 적용시켜야만 한다. "실체 때문에 혼란스러운 심리적 동요에 빠진 사람들은 자의식을 숨기면서, 그리고 분별력을 포기하면서 자신들이 신에 의해 선출된 사람들이라 믿고 있다. 신은 꿈속에서 그 선출된 사람들에게 지혜를 주입시켜 준다. 그러나 그 꿈속에서 그들이 받아들이고 실질적으로 산출해 내는 것, 그것은 단지 꿈일 뿐이다."[57] 우리는 잔인하게 행동할 수 있을 것이고, 두개골의 돌기에서 어떤 재능이나 악덕의 증거를 볼 수 있다고 믿고 있는 골상학류가 근거 없는 지식을 생성해 제시하는 것처럼, 상식을 벗어난 당치 않은 표현들만을 제기하는 신비주의 신학을 비난할 수도 있을 것이다. "우리가 당나귀 등 위로 뛰어오른 가재의 애무 때문에 쏜살같이 돌진하는 암소를 상상할 수 있듯이 마찬가지로 이를 상상할 수 있다."[58]

그렇다고 신비주의 신학이 말도 되지 않는 표현들을 제시하는 것으로 귀결되지는 않는다. 그렇지는 않다. 오히려 그것은 어둠 속에서 뿐만 아니라, 어둠 그 자체에 대해서도 인식하고 분별할 수 있는 무언가를 나타나게 하려고 상당히 노력하고 있다. "빛은 그 자체로 보여지는 것이 아니라, 빛을 통해 사람들이 사물을 볼 수 있도록 해주는 수단이다. 그렇기에 사람들은 빛이 사물에 투영한 반사를 통해 빛 자체를 볼 수 있는 것이다라고 장 드 라 크루아는 말한다."[59] 따라서 신비주의 신학은 불가능한 것까지 비출 수 있도록 자신의 욕구를 상승시킬 것이고, 어둠의 중심, 다시 말해 조명을 받아 환해진 빛이 아니라 밝은 빛을 주는 그런 빛으로서, 반사되지 않는 빛에 의문을 가질 것이다. 신비주의 신학은 빛이 가진 불가시성 자체를, 즉 예전에 한번도 밝혀진 적이 없는 조명 능력을 명시하고자 할 것이다.

두 가지 이유에서 불가능한 것이 가능하게 될 것이다. 첫째는, 조명 능력이 신비주의 신학을 통해 희미한 은유를 넘어선 어떤 또 다른 이름, 즉 신이라 명명될 것이라는 이유에서이다. 신은 이 세상에 온 '모든 사람을 밝게 비추어 주는' 절대로 보이지 않는 존재이다.[60] 그런데 만약 신이 밝혀진다면, 그때는 빛을 품고 있는 어둠이 밝게 비추어질 것이다.

신비주의 신학에서의 두번째 이유는 신과 신앙을 동일시하는 데 있다. 즉 신앙은 우리를 일깨워 주는 신이며, 우리 마음속에 자리하고 있다. "인간에게 신은 신앙만큼이나 어두컴컴한 어둠이다."[61] 그래서 신의 어둠을 통해서 밝게 드러나는 신앙은, 어둠 속에서 자기 자신만이 가진 어둠을 밝게 비추고 있다. "눈에 보이지 않기에 경이로웠던 신앙이 얼마나 경탄할 정도로 어둠을 밝게 비추었던가!"[62] 신과 신앙은 서로 융합되어 어둠 속에서 서로 동화되고 있다. '동일시한다'는 동사의 이중적인 의미를 주시할 필요가 있다.

다시 말해 동사의 의미는 첫째 하나만을 형성하며, 둘째 누군가의 신원을 확인한다는 것이다.[63]

신의 기쁨

그렇다면 어둠이 빛이 되었다고 말할 수 있는 건가? 어떤 의미에서는 그렇고, 또 어떤 의미로 보면 그렇지 않다. 사람은 어둠에서 빠져 나오지 못하지만(신은 가시화되지 않는다), 그러나 어둠은 빛을 발하게 된다. "새벽이 칠흑 같은 밤의 어둠을 쫓아내고 낮의 빛을 찾아내는 것처럼, 신을 믿고 있기에 진정되고 평정된 영혼은 자연 진리에 대한 어둠에서 밝지 않고(이야기되어졌던 것처럼) 어두운 신에 대한 초자연적 진리의 아침 햇살로 고양되기 때문이다."[64] 그 어떤 시각적인 은유법도 보이지 않는 가시성을 설명할 수는 없다. 그러므로 표현을 바꾸어야만 한다. 빛을 주는 불가시성을 보려고 애쓰지 말고 느끼려고 해야 할 것이다. 유일하게 느낌만이 불가시성에 접근할 수 있다. 감상적인 성격과는 관련이 없다. 그러나 또한 놀랍게도 그것은 나타날 수 있기에 쾌락과는 관련이 있다. "따라서 여기서는 정신적으로 자유로운 상태에 놓여 있는 영혼이 완벽하게 저 위의 모든 사물과 여기 낮은 이곳의 모든 사물들을 경험하고 즐길 수 있도록(……), 적절한 어둠은 영혼의 시야를 흐릿하게 하고 있음에도 불구하고 오직 영혼만을 위해 모든 사물에 빛을 주고 있다고 말해야만 할 것이다."[65] 가장 칠흑 같은 어둠 속에서 무언가가 일어났다. 그것은 행복이며, 기쁨이며, 기호이며, 자유이다. 이런 쾌락은 이성을 동반하였으며, 그 속에서 무한한 존재의 길을 열어 주었다. 그러나 아리스토텔레스의 공식에 따르면 쾌락은 행위의 끝이 아니며, 그것은 또다시 행위에 덧붙여져서 행위가 극도로 즐거운 상태에서 이루어지도록 하는 것이다.[66] 쾌락은 빛이 가진 반짝이는 성질을 가지고 있다. 즉 그것은 사라지지 않으면서 고정될 수 없다는 점이다. 그러나 여기서 빛은 빛의 밝기를 더해 주는 반사하는 빛으로가 아닌 빛 그 자체로 자리하고 있는 빛이다. 기쁨 또한 동반되는 것이 아니라 중심부에 자리하고 있다. 그리고 바로 절대자의 기쁨(절대자가 절대자이기 위해 겪었던 기쁨)이 매우 주의 깊게 조사 되었다. 빛을 주는 것(저 위의 사물들)만큼이나 빛을 받아 밝게 드러나는 것(여기 이 낮은 곳의 사물들)을 통해서 어둠 속에서도 느끼게 되는 무언가가 있을 것이다. 이성의 신앙은 존재했었다. 다시 말해 갑자기 표출되는 모든 것은 이성적일 것이다. 그러나 맹목적인 신앙은 현재 존재하고 있다. 다시 말해 신이 존재하는 즐거움에 대해 그 깊이를 드러내지 않은 상태에서는 그 어떤 것도 갑작스럽게 나타날 수 없다. 따라서 대상이 아닌 빛 그 자체는 신앙 속에서 밝게 비춰진다. 그렇기 때문에 **캄캄한 밤**에도 《교회 찬송가》에 대한 상당히 많은 최상의 묘사가 나타나고 있다. 어느 한 편의 시 속에 나타난 것처럼 무한의 공백 속에서 즐거움이 완성되는 것은 바로 "어둠에 의해서이다."[67] 욕구는 대상을 받아들임으로써 만족감을 갖게 되는 것이 아니라, 더 많은 것을 갈구하면서 만족을 이루고 있다.[68] "사랑에 빠진 인간이 자신이 애인으로 대하고 있는 자기 연인의 봉급과 집세를 바라는 것은 당연하다. 왜냐하면 그렇지 않으면 그것은 진정한 사랑이 아닐 것이기 때문이다. 그리고 그 봉급과 집세는 별개의 것이 아니다. 그리고 인간은 그것만을 바랄 것이다. 그렇지 않으면, 인간은 완벽한 사랑의 상태에 이를 때까지 더 큰 사랑을 바라게 될 것이다. 완벽한 사랑은 그 자체로 대가를 치르고 있을 뿐이다."[69]

존재의 이유

그러나 '사람들이 신앙을 가지고 있지 않다'면? 그래도 무언가 이끌려졌던 것이 있다. 종교적 신앙은 자신만이 이끌 수 있는 유일한 통로는 아니지만 돌파구의 길을 열어 주었다. 즉 실존의 기쁨은 단순한 심리적인 효과는 아니며, 인식하고 있다는 본질적인 쾌락도 아니라는 것이다. 그 기쁨은 우리보다도 더 먼 곳에서부터 비롯되며, 모든 **존재하는** 것의 원리 그 자체와 관련되어 있다. 만약 신(神)이 존재하지 않는다면, 달리 말해서 모든 것의 근원이 한 인격체가 아니라면, 그래도 그 인격을 대신하는 비인격체는 우리 마음속에서만은 신(神)만큼이나 관대하고 풍요로우며 굉장히 **탁월해야만** 할 것이다. 비인격체인 자연은 인격체인 신이 실행한 모든 것을 완성할 수 있는 능력이 있어야만 할 것이다. 그렇지 않으면 신앙을 통해 드러난 요구 사항들을 감당할 수 없을 것이다. 그렇기 때문에 스피노자는 줄곧 만물의 생산의 근원력이 되는 자연을 신이라 명명했다. 그것은 아무것도 아니라기보다는 대단한 것이 아닐 뿐이다. 표현을 뒤집어서, 행복은 존재보다 더 오래 되고 더 심오해 행복이 존재를 생성시켰다라고 말하는 것이 더 좋겠다.

신앙과 이성은 실존하는 것에 대한 기쁨을 처음 폭발할 때 뿌리내리고 있다. 그 기쁨은 존재가 실존하는 이유이다. 이성은 기쁨 속에서 이성의 행동에 반영되며 외장되어 있다. 이성은 자신이 생각한 모습으로 그렇게 나타난다. 이성 안에 존재하며 이성을 숨기고 있는 신앙은, 기쁨이 신앙 자체와 혼동되고 있음을 파악하고 있다. 신앙은 신앙의 행동으로 나타나지 않으며, 그리고 신앙은——매우 드물지만, 신앙 자체에 대한 어떤 면들이 나타나는 드문 경우를 제외하고는——보이지 않는 모습으로 적절하게 드러나고 있다. 신앙은 순수한 이성은 아니지만, 옷을 입지 않은 이성이며 옷을 벗은 이성이다.

8
확실한 것들

우리는 확실하게 하려는 강한 욕구가 있다. 확신을 상상하면서 확신하는 것은 중요하지 않다. 그러나 사고를 할 수 있는 **가능성의 조건**은 중요하다. 사람들이 회의적인 입장을 취할 때조차도, 이미 잘 알려진 사실이지만 '확실한 것은 아무것도 없다는 것이 사실임'을 주장할 필요가 있다. 거기에서 사람들은 보통 회의주의의 약점에 대한 결론을 이끌어 내고 있다. 그러나 실제적으로는 오히려 회의주의에 대한 기반을 제시하고 있다. 회의주의는 확실하게 할 수 있다. 다시 말해 분명한 것은 아무것도 확실하지 않다는 것이다. 그렇기 때문에 그것은 자신을 명확히 해야만 한다. 그리고 사람들이 "그것조차도 확실하지 않다"라고 말하면서 이런 표현의 상대적 가치만을 인정하려 했다면, "분명한 것은 내가 아무것도 확신하지 않으며, 확실한 것이 없다는 것조차 불확실하다"는 확언이 거기에는 포함되어 있다고 재차 주장했을 것이다. 이런 입장은 상반되지 않으며, 자신이 주장하는 것과 그리고 모든 연구자의 추론이 취하고 있는 것을 완벽하게 파악하고 있다. 사람들은 이성을 도외시할 수 없는 것처럼 확실히 하려는 욕구도 피할 수 없다. 왜냐하면 이성이 신앙을 포함하고 있기 때문이며, 신앙은 끌어들이는 힘이 확실히 있기 때문이다.

합법적으로 확실하게 하려는 욕구는, 우리가 불확실성이 악 중의 최악[70]이라고 믿고 있는 한 데카르트의 사고[71]가 일어날 수 있도록 시동을 걸어 주었던 것이다. 의심은 단지 최소한 하나의 명제("나는 생각한다, 고로 나는 존재한다")가 주관적으로(내가 그 명제를 생각할 때) 그리고 객관적으로(내가 명제를 생각지 않을 때조차도 그 명제가 사실로 남아 있다는 것이 분명하다) 확실하게 나타날 수 있도록 하기 위해 평평하게 다지는 하나의 과정일 뿐이다.

그러나 불확실함 속에서 그리도 위험하게 자리하고 있는 것은, 아니 그리도 위험하게 자리하게 될 것은 무엇일까? 확실성이 불확실성보다 더 위험하지 않아서일까? 그것이 역사와 세상을 통해 어리석은 행동과 끔찍한 불행을 분명 가져다 주는 가장 강력한 제공자인 맹신들을 만들지 않았을까?

불확실한 광신

그러나 광신도는 확실성을 지닌 존재가 아니다. 우선 그는 자격이 갖춰지지 않았다고 판단된 존재이며, 자신이 아닌 또 다른 누군가에게(그 존재가 어떤 지위에 있을 때, 즉 종교적 서열이 있는 존재일 때, 또는 신 그 자체일 때 그 권력자에게) 존재해야만 하는 자신의 결정권 자체를 일임했던 존재이다. 광신도는 자신은 존재할 권리가 없다고 생각하는 사람들이 가지는 커다란 불안을 느끼고 있다. 만약 권력자가 광신도에 대해 만족해한다면, 광신도는 자신을 지옥으로부터 분리시켜 줄 끝없이 긴 심해 거리를 가로지를 것이다. 그러나 불행하게도 그는 권력자를 믿고 있으며, 권력자가 믿어야만 한다고 말하는 것은 믿지 않고 있다. 그때부터 광신도는 자신이 믿고 있지 않다는 사실을 끝없는 죄의식의 형태로 마음속에 담아두고 있다. 그러나 그는 자신이 믿고 있지 않다는 것을 생각할 권리가 없다. 이는 특히 죄악일 것이기 때문이다. 따라서 그는 **실제로는** 자신이 따르고 있다고 주장하는 진리에 반하는 행동을 하고 있으나, 그러나 이러한 실제적인 저항 행위를 자신에 대한 분개로 바꾸고 있다. 불안해하는 그는 가장 본질적인 거짓말의 형식인 자기 자신에게 거짓말을 덧붙이고 있다.

이런 입장이 지속될 수 없기 때문에 그는 '과장해서 말할 수밖에' 없으며, 불필요한 믿음의 표시를 그 누구보다도 더 많이 하며, 믿음을 가지고 있지 않은 자신이 믿음이라고 생각하는 것을 흉내 낼 수밖에 없다. 그리고 자신은 그 누구보다도 더 믿음을 가지고 있다고 확신할 수밖에 없다. '진리'에 반하는 모든 비난은 이름 붙이기 어려운 것, 즉 자신의 무신앙이 드러나지 않을까 하는 두려움 때문에 광신도 자신에 대한 비난이 되고 있다. 그는 불안함과 본질적인 허구에 개인적으로 위협받고 있다고 느끼고 있는 사람의 도발적인 태도를 추가하고 있다. 그의 분개는 자기 자신보다 훨씬 더 많이 성스러운 실재, 즉 권위자 아니면 진리, 아니면 신이 모욕당했다고 확신했던 만큼이나 격렬했다. 그의 분개가 행위로 나타나는 것은 당연하다. 왜냐하면 그가 자신의 입장을 드러낼 수 있을 시간이 절대로 따로 주어지지 않기 때문이다.

따라서 광신도는 모든 것을 할 만반의 준비가 되어 있으며, 그리고 무고한 사람을 양심의 가책도 없이 증오심에 가득 차 살인조차도 할 준비가 되어 있다. 그의 행위는 살인 행위에 속하는 것이 아니라 자살 행위에 속한다. 광신도는 자신이 가장 증오하는(환상적으로 투영된) **자기 자신**의 일부분을, 즉 믿고 있지 않은 부분을 다른 부분 속으로 사라지게 할 뿐이다. 광신도는 자신과는 정반대 입장에 있을 수 있는 사람의 인생과, 단지 무관심만을 보이는 사람의 인생(그가 자기 자신의 무관심을 비난하고 있기 때문이다), 또는 자신의 편을 들어 주는 구성원의 인생까지도 희생시킴으로써 자기 자신을 정화시키고 있다. 왜냐하면 그는 마음 깊숙이 자기 자신과 다른 사람들을 똑같다고 생각하기 때문이다. 그는 굳이 따로 생각지 않아도 믿음을 가지고 있다고 말하는 사람들이 실은 믿음을 가지고 있지 않다는 사실을 그들의 억양에서 파악하였다. 자신의 인생을 위협하는 신의 심판에 복종하도록 권위자의 권고를 받은 그는 모든 잘못에 대해 비난받을 준비가 되어 있고, 자신이 죄인이라고 믿고 있기 때문에 자신의 책임을 가볍게 질 수 있다. 뒤집어 말하면, 그는 권위자가 내려오자마자 그에게 쉽게 반항을 한다. 처음에는 자기 자신에 대한 격분으로 전환되지만, 광신도의 격분은 그 진정한 대상을 찾아 감정을 터뜨릴 수 있다. 폭군의 몰락은 새로운 지도자를 찾아 옛 권력을 제압하려는 선두 주자들 중에서 기꺼이 그 대상을 찾고 있다.

확실한 것이 자유롭게 해준다

"중요한 것은 그것을 탐구하는 데 있다"고, 아니면 "각각 진리를 가지고 있다"고, 또는 "모든 확신은 우열이 없이 비슷하다"고 말을 하면서 질문을 교묘히 피할 수 있는 방책은 없다. 아니 중요한 것은 진리가 우리를 인도할 것이기 때문에 진리를 찾고 평화로워지는 데 있다.

진리가 그의 것이 아닐지라도, 진리를 전적으로 믿고 완전히 지각할 수 있는 능력이 있어야만 한다. 우리가 진리를 소유할 수 없기에 확실히 실수할 것이라는 이런 또 다른 확실성이 있음에도 불구하고, 우리는 확신하고 있어야 한다. 그것이 바로 광신의 함정과 상대주의의 함정을 단번에 피할 수 있게 해주는 신앙의 특성이다.

우리는 신앙이 표현하고 있는 것은 **사실**이라고 전적으로 **확신하고** 있다. 그러나 그것이 **어떤 의미에서** 사실인지는 알 수 없다.

예를 들어 죽은 자의 부활은, 그리스도교 신앙이 더 이상 죽은 자의 부활에 대해 거듭 논의하지 않도록 그리스도교의 계시가 담겨 있는 텍스트에서 지나치게 많이 입증되고 있다. 그 누구도 그리스도교를 완전히 변질시키지 않고서는 죽은 자의 부활에 대한 이야기에 그리스도교가 말하고자 하는 중심 입장을 이끌어 낼 수 없을 것이다. 또한 육체에서 분리된 영혼의 부활이 아닌 육체·육신의 부활과 관계가 있다는 부분을 말소시킴으로써, 죽은 자의 부활에 관한 표현을 부드럽게 완화하려는 태도는 별로 사려 깊지 못한 것이 될 터이다. 그러나 이런 의미에서 '부활한다'는 것은 무엇을 **의미하는가**? 아무도 모르고 있다. 그것은 아마 시체의 소생과 관련이 있을 것이며, 아마도 사후에는 어떤 또 다른 삶도 존재하지 않을 것이라는 바와 관련이 있을 것이다. 이 점에 대해서 우리는 아는 것이 아무것도 없다. 그러나 그리스도교 신앙이 알고 있는 것, 그것은 **육신의 부활**이 있다는 것이다. 사후의 삶이 있지 않다면, 그렇다면 우리가 현재 살고 있는 구현된 현세에는 갱신 능력이 매우 강하고 **육체적인 것이기에**(그러나 우리는 육신이 무엇인지를 알고 있는가?) 그래서 죽음은 중요하지 않으며, 어찌되었든 죽은 자들은 언젠가는 깨어나야만 했었다는 것 또한 중요치 않음을 이해해야만 할 것이다. 이런 점에 입각해 바울이 전개한 가장 호기심을 자극하고 있는 논증을 살펴보도록 하자. "만일 죽은 자의 부활이 없으면 그리스도도 다시 살지 못하셨으리라. 그리스도께서 만일 다시 살지 못하셨으면 우리가 전파하는 것도 헛것이요, 또 너희 믿음도 헛것이다."[72] 만약 부활이 없다면 그때 우리의 신앙은 근거 없는 무익한 것이 될 것이며, 그리고 "모든 사람 가운데 우리가 더욱 불쌍한 자리라."[73] 그러나 우리의 신앙은 무의미하지는 않다. 그러므로 죽은 자들의 부활은 있었다. 이런 논증은 표현된 진술을 근거로 해서 이루어졌으며, 확인된 것들에 대한 내용을 근거로 해 이루어지지는 않았다. '죽은 자들의 부활이 그런 논법으로 입증되고' 있지는 않으나, 그러나 "그대들은 어떤 점에서 우리의 신앙이 확실한 것인지를 알고 있으며, 우리의 신앙이 그 부활을 긍정하고 있음을 알고 있다."

확실히 하려는 우리의 욕구는 자유롭고 자율적이고자 하는 욕구이다. 만약 내가 굳건히 자리잡지 못한 확실성을 그것에 대립시킬 경우, 그때 나는 자신의 의지를 내 의지인 양 대체시키길 바라는 사람의 흡인력을 피할 수 있을 것이다. 역으로, 자신의 사고가 분명함을 알리려는 사람이 자신의 사고에 너무 깊이 빠져 있어서, 그래서 자기 자신을 납득하기 위해 내 영역을 조금씩 침범해야 하는 까닭을 그가 조금도 파악하지 못하고 있다고 판단하려 하지 않고 그를 그대로 내버려둘 수 있을 것이다.

만약 또 다른 이가 자신이 생각한 것을 끝까지 주장하지 않는다면 나 또한 내가 생각한 것을 주장할 수 없을 것이다. 타인은 자신이 말한 것을 좋아하던 때만큼이나 나를 위협하고 있다. 똑같은 의견을 가지지 않은 사람들 사이에서만 토론이 전개될 수 있다고 사람들은 그렇게들 너무 쉽게 생각한다. 그러나 그것은 거짓임을 경험을 통해 알 수 있다. 실질적인 토론이 가능하려면, 본질적인 면에 대한 최소한의 동의가 꼭 필요하다. 즉 각자의 고유한 사고에 대해 개개인이 지니고 있는 능력을 인정해 주어야만 한다.

그러나 만약 사람들이 신앙에 대한 것이 아닌 어떤 확신을 맹신을 통해 이해하게 되었다면, 사람들은 곧 맹신이 가진 난점에 부덮혔을 것이다. 다시 말해 그 확신은 그것을 굽히게 했던 것을 포함한 의지의 지지에 근간을 두고 이루어졌으며, 그리고 그것은 맹신 그 자체보다는 각자의 마음속에 더 깊이 자리하고 있다.

 신앙은 자신이 믿고 있는 것을 이해하는 경우에만, 다시 말해 신앙을 사로잡는 진리에 지지의 빛을 보내는 경우에만 신앙이 아닌 것에 마음의 문을 열어 주고 있다. 그러나 모든 박탈감의 단계도 바로 이런 지지 속에서 일어난다. 나는 진리를 잡아두지 못한다. 바로 진리가 나를 잡아두고 있다. 그렇기 때문에 또 다른 진리들이 나의 신앙 때문이 아니라 신앙 덕분에 내게 명확히 나타날 수 있는 것이다.

인명 약전

갈릴레이 (Galileo Galilei, 1564–1642)
 이탈리아의 유물론적 자연과학자·물리학자·천문학자이자 근대 수학적 자연과학의 창시자. 갈릴레이가 행한 물리학적 연구들은 여전히 아리스토텔레스의 물리학을 토대로 하고 있었으며, 특히 자유 낙하하는 물체들의 역학과 경사면에서의 운동 경과 및 진자 운동을 대상으로 삼고 있었다.

뉴턴 (Sir Isaac Newton, 1642–1727)
 영국 출신의 물리학자·수학자. 17세기 과학 혁명의 상징적인 인물이다. 광학·역학·수학 분야에서 뛰어난 업적을 남겼고, 1687년에 출판된 《자연철학의 수학적 원리》는 근대 과학에 있어서 가장 중요한 책으로 꼽힌다.

데자르그 (Girard Desargues, 1591–1661)
 프랑스 수학자. 사영기하학의 주요 개념을 도입했다. 저서에 《투시단면도론》·《원뿔과 평면이 만나는 경우를 다루려는 시도에서 나온 초안》 등이 있다.

데카르트 (René Descartes, 1596–1650)
 프랑스의 수학자·과학자·철학자. 스콜라학파의 아리스토텔레스주의에 처음 반대한 사람으로 근대 철학의 아버지로 알려져 있다. 모든 형태의 지식을 방법적으로 의심하고 나서 "나는 생각한다. 고로 나는 존재한다"라는 직관이 확실한 지식임을 발견, 사유를 본질로 하는 정신과 연장(延長)을 본질로 하는 물질을 구분함으로써 이원론적 체계를 펼쳤다. 데카르트의 형이상학 체계는 본유 관념으로부터 이성에 의해

도출된다는 점에서 직관주의적이나, 물리학과 생리학은 감각적 지식에 기초를 두고 있다는 점에서 경험주의적이다.

그는 관념을 세 가지로 분류했는데, 우리 밖의 사물에 의해 감각을 통하여 얻어지는 본래부터 가지고 있는 '외래 관념'과 우리 스스로가 꾸며서 만들어 내는 '인위 관념,' 우리가 본래부터 가지고 있는 '본유 관념'이다. 본유 관념이란 감각의 도움을 필요로 하지 않고 마음에 명석하게 떠오르는 관념이다. 그 대표적인 관념이 신에 대한 관념이다. 데카르트는 바로 이를 통해 신의 존재 증명을 시도한다. 즉 우리는 태어나면서부터 신의 관념을 가지고 있기 때문에 신의 존재를 인정치 않을 수 없는 것이다.

데카르트는 계속해서 실체에 관한 생각을 전개시켰다. 그는 실체, 즉 그것이 존재하기 위해서 자기 이외에 아무것도 필요로 하지 않고 존재하는 것을 말한다. '정신'과 '물체'는 '유한 실체'이고, '신'은 '무한 실체'이다. 이렇게 그는 실체를 정신과 물체를 나눔으로써 후대의 '심신이원론'의 중요한 계기를 제공하게 된다.

정신의 속성은 '사유(cogitato)'이고, 물체의 속성은 '연장(extensio)'이다. 이 사유와 연장은 서로 아무런 상관 관계도 없기 때문에 양자는 어떠한 공통점도 가지고 있지 않다. 저서에 《방법서설》·《성찰》 등이 있다.

라신 (Jean-Baptiste Racine, 1639 – 1699)

프랑스의 시인·극작가. 고전 비극의 대표적 작가로, 그리스 비극에서 소재를 찾아내어 격렬한 정념에 의하여 파멸에 이르는 인간을 그렸다. 작품에 《앙드로마크》·《브리타니퀴스》·《베레니스》 등이 있다.

르낭 (Joseph Ernest Renan, 1923 – 1892)

프랑스의 언어학자·종교사가. 실증주의 사상가로서, 그의 저서 《크리스트교 기원사》 중 제1권 〈예수전〉은, 그의 과학적 해설로서 인간 그리스도론이 아주 큰 반향을 불러일으켜 마침내 교회로부터 추방당하였다.

말브랑슈 (Nicolas Malebranche, 1638-1715)

프랑스의 로마 가톨릭 사제·신학자. 저서에 《진리를 향한 추구》·《자연과 은총에 관한 논문》·《형이상학과 종교에 관한 대화들》등이 있다. 말브랑슈 형이상학의 핵심은 "신 안에서 모든 것을 본다"는 것이다. 인간은 오직 신과의 관계를 통해서만 내적 세계와 외적 세계를 알 수 있으며, 물리적 대상들의 위치나 개인적 사고가 변하는 직접 원인은 일반적으로 생각하는 것과는 달리 대상이나 사람들 자체가 아니라 신이라고 했다. 그는 감각적 경험들은 사물의 진정한 본질을 그대로 증언해 주지 않기 때문에 지식에 도달하는 데 도움이 되지 않는다고 주장했다. 오직 관념들만이 인간 사고 과정의 대상이며, 신의 정신 또는 이성은 사람들이 발견할 수 있는 진리에 관한 모든 관념들을 포함한다. 신의 창조는 바로 그러한 관념들을 심사숙고한 뒤에 이루어졌으며, 사람들은 그 관념들을 부분적으로 알지만 신은 모두 안다고 했다. 그리고 사람은 자신의 존재를 알 수 있을 뿐 자신의 진정한 본질은 모른다고 했다.

바르트 (Karl Barth, 1886-1968)

스위스의 신학자. 20세기에 큰 영향을 끼친 사람으로서, 19세기 자유주의 신학의 인간 중심주의에 대해 '하느님의 전적인 타자성'을 강조함으로써 프로테스탄트 사상의 근본적인 변화를 주도했다. 독일의 국가사회주의에 강력히 저항해 본에서 신학회 의장직을 박탈당하기도 했는데, 그 덕분에 바젤에서 기념비적인 저작 《교회교의학》 집필을 계속했고, 5백 회가 넘는 설교를 했다.

바슐라르 (Gaston Bachelard, 1884-1962)

프랑스의 과학철학자. 과학 정신에 입각한 동적인 철학을 나타내는 한편, 일상 감각이나 의식의 심층에 깃들인 과학적 인식에 대한 장애의 적출과 과학과는 다른 축에서 작용하는 상상력의 고찰을 전개하였다. 저서에 《부정의 철학》·《촛불의 미학》·《공간의 미학》 등이 있다.

바울

그리스도교 초기의 사도. 예수가 죽은 지 불과 몇 년 뒤에 회심한 그는 새로운 종교 운동, 즉 그리스도교를 지도하는 사도(선교사)가 되었으며, 그 운동이 유대교의 한계를 넘어서 세계 종교가 되도록 하는 데 결정적인 역할을 했다. 그가 남긴 서신들은 현존하는 그리스도교 문헌 가운데 가장 오래 된 것으로 신학적인 정교함과 목회적인 이해를 생생히 드러내고 있으며, 그리스도교의 생활과 사상에 대해 여전히 중요한 의미를 가진다.

베드로

예수의 열두 제자 중의 제일인자. 예수의 승천 후 예루살렘 교회의 기초를 굳히고 복음 선교에 진력하였으며, 나중에 로마에서 네로의 박해로 순교하였다 한다. 후대의 가톨릭 교회는 베드로를 사도직의 대표자로 간주하고, 로마 교황을 베드로 이래의 사도권의 계승자로 보고 있다.

베르그송 (Henri Louis Bergson, 1859-1941)

프랑스 철학자. 과정철학이라 부르는 철학 사조를 최초로 정교하게 발전시켰다. 정지보다 운동·변화·진화의 가치를 더 높게 평가했으며, 학문적·대중적 호소력을 겸비한 문체의 대가였다. 소논문 〈시간과 자유 의지: 의식의 직접 자료에 대한 소론〉에서 그는 지속 또는 실제 시간 개념을 확립함으로써 과학이 사용해 온 시간 개념, 곧 시계로 측정할 수 있는 공간화한 시간 개념을 거부하려 했다. 그는 인간이 자신의 내적 자아에 대해 알고 있는 것을 분석하여 심리적 사실은 다른 사실과는 질적으로 다르다는 것을 증명했고, 심리학자들은 특히 심리적 사실은 양화(量化)해서 계산하려고 함으로써 이를 왜곡한다고 비판했다.

《물질과 기억: 육체와 정신의 관계에 대한 소론》의 심리생리적 평행론에 따르면, 뇌의 손상은 심리적 능력의 토대에도 영향을 끼친다. 그러나 베르그송의 주장에 의하면, 기억력과 실어증에 걸린 사람은 다른 사람이 말하려 하는 것을 이해하고, 자신이 말하고 싶은 것도 알고 있으며, 언어 기관에 아무런 장애가 없지만 그러나 말을 할 수 없는 사람이다. 그러므로 이 경우 잃어버린 것은 기억이 아니라 그 기억을 표현하는 데 필요한 육체적 기재(méchanisme)라는 것이다. 이 관찰로부터 베르그송은 기억, 따라서 마음 또는 정신이란 육체와 독립적인 것이며, 자신의 목적을 수행하기 위해 육체를 이용한다고 결론지었다. 저서에 《창조적 진화》·《웃음: 희극적인 것의 의미에 관한 소론》·《형이상학 개론》·《도덕과 종교의 두 원천》 등이 있다.

소쉬르 (Ferdinand de Saussure, 1857-1913)

스위스의 언어학자. 그의 강의록과 여러 자료를 토대로 제자에 의해 20세기 언어학의 출발점이 되는 《일반 언어학 강의》가 출판되었다.

그는 언어를 사회 현상으로 생각해야 하며, 언어는 어떤 특정한 시대에 존재하기 때문에 공시적으로, 또는 세월이 흐름에 따라 변화하기 때문에 통시적으로 생각할 수도 있는 구조적인 체계라고 주장했다. 따라서 그는 언어 연구에 대한 기본적인 접근 방식을 확립했고, 각 접근 방식의 원칙과 방법론을 변별적이며 상호 배타적이라고 주장했다. 그는 또한 오늘날 언어학에서 흔히 쓰이게 된 두 가지 용어, 즉 언어의 심리적·물리적 의지와 지능에 의한 개인적 행위를 뜻하는 '파롤(언사, parole)'과 영어처럼 특정 사회 속의 특정 시대에 존재하는 체계적이며 독립적이고 구조적인 언어인 '랑그(언어, langue)'의 개념을 도입했다. 파롤과 랑그의 구별은 결국 생산 언어학 연구의 원동력이 되었고, 구조주의 언어학의 출발점으로 간주되었다.

언어는 언어 습관의 체계이며, 일종의 사회 제도이어서 개인을 초월하여 존재한다. 언사(parole)는 개인에 의한 언어의 사용이다. 언어는 시간과 더불어 변천하는 것이나, 시간적 변천을 무시하고 요소(要素)의 상호 관계의 체계로서 고찰하는 연구를 공시론(共時論, synchronique), 시간의 축에 따라서 그 변천상을 보는 연구를 통시론(通時論, diachronique)이라고 하는데, 그는 통시론을 연구하였다.

슐라이어마허 (Friedrich Ernst Daniel Schleiermacher, 1768-1834)

독일의 신학자·설교가·문헌학자. 근대 프로테스탄트의 신학의 기초를 놓은 인물로 평가되고 있다. 저서 《그리스도교 신앙》에서 그리스도교 교리를 체계적으로 해석해 놓았다. 슐라이어마허는 종교의 본질은 자기 자신의 체험 가운데에 사유(思惟)도 행위(行爲)도 없이 직관과 감정 가운데에 존재한다고 하였다. 그는 그리스도교의 인격신(人格神)의 신앙에 입각하면서도 특히 스피노자의 영향을 받아 범신론(汎神論) 경향이 뚜렷하였다.

스피노자 (Benedict de Spinoza, 1632-1677)

네덜란드의 유대인 철학자, 17세기 합리론의 주요 이론가. 신이 육체가 없다는 점, 천사가 실제로 존재한다는 점, 영혼이 불멸한다는 점 등을 뒷받침할 근거가 성서 어디에도 없다고 주장. 데카르트주의 철학에 관심을 가진 그는 데카르트 형이상학에 관해서는 세 가지 점에서, 즉 신의 초월성, 심신의 실체적 이원론, 자유 의지를 신과 인간 모두에게 부여한 점에서 의견을 달리했다.

그에 의하면 형이상학은 연역적으로 서술될 수 있다. 즉 형이상학은 더 이상 설명이 필요하지 않거나 의심의 여지없이 정확하게 정의된 용어로 표현된 자명한 전제로부터 필연적 단계를 거쳐 나온 일련의 정리(定理)로 서술될 수 있다. 당시 대부분의 사항들처럼 스피노자도 정의는 자의적인 것이 아니며, 정의가 정확한가 정확하지 않은가를 알 수 있는 직감이 존재한다고 주장했다. 그에 따르면, 믿을 만한 정의는 정의되는 대상이 가능한 존재인지 필연적 존재인지를 명시해야 한다. 저서에 《신·인간 그리고 인간의 행복에 관한 소고》·《지성 정화론》 등이 있다.

아리스토텔레스 (Aristoteles, BC 384-BC 322)

고대 그리스의 철학자. 플라톤의 가르침을 받고 페리파토스학파의 개조가 되었다. 고대에 있어서 최대의 학문적 체제를 세웠으며, 중세의 스콜라 철학을 비롯하여 후세의 학문에 큰 영향을 주었다. 저서에 《형이상학》·《오르가논》·《니코마코스 윤리학》 등이 있다.

아우구스티누스 (Aurelius Augustinus, 354-430)

초대 그리스도교회의 가장 저명한 교부신학자로서, 서방 라틴 그리스도교의 대표자. 정통적 신앙을 완성하고, 중세 스콜라 철학에 결정적 영향을 끼친 철학자이다.

아인슈타인 (Albert Einstein, 1879-1955)

독일의 물리학자. 20세기초 질량과 에너지의 등가를 단언하고, 공간·시간·중력에 관한 새로운 사고 방식을 제안한 일련의 이론들을 제시. 그의 상대성 원리와 중력에 관한 이론들은 뉴턴 물리학을 넘어서는 심오한 진전이었고 과학적 탐구와 철학적 탐구에 혁명을 일으켰으며, 1921년 노벨 물리학상을 받았다. 그는 자신이 '사회 정의와 사회적 책임이라는 열정적 감각'을 갖고 있음을 인정했다. 아인슈타인은 그의 명성 덕택으로 평화주의·자유주의·시오니즘과 같은 대의를 지지하는 데 영향력이 있었다. 그러나 아이러니컬하게도 이러한 이상주의적인 사람이 물질 입자가 엄청난 양의 에너지로 바뀔 수 있다는 에너지-질량 방정식 가설로 지금까지 알려진 가장 파괴적인 무기인 원자폭탄과 수소폭탄의 창조를 증명했다.

안셀무스 (Cantaberiensis Anselmus, 1033-1109)

이탈리아 출신의 그리스도교 신학자·성인. 신앙과 이성의 관계에 대해서 탁월한 성찰을 남겼으며, 저서 《모놀로기움》에는 이 문제에 대한 두 가지 상반되는 의견이 나와 있다. 하나는 신앙 내용을 이성에 의해서 설명하려는 변증가(辨證家)의 입장이며, 다른 하나는 신앙 내용에 대해서 이성의 개입을 전적으로 거부하는 반(反)변증가의 입장이다. 그는 변증가가 확고한 신앙 속에 입각할 것을 요구하고 있다. 신앙은 지성의 출발점이어야 하며, 우리는 믿기 위해서 이해하는 것이 아니고 오히려 이해하기 위해서 믿고 있다. 즉 지성은 신앙을 전제로 하지 않으면 안 된다. 그러면서 변증법에 적대하는 자에 대해서 그는 다음과 같이 말한다. 처음부터 확실히 신앙에 입각한 사람이 자기 스스로가 믿는 것을 합리적으로 이해하려고 하는 것은 아무 상관이 없다. 오히려 자기의 신앙을 이해한다는 것은 그만큼 신의 직관에 접근하는 것이다. 변증가와 같이 신앙을 앞세우지 않은 것은 오만한 일이나, 그의 반대자와 같이 이해하려 하지 않는다는 것은 태만이다. 신앙은 지해(知解)를 구한다. 이와 같은 입장에서 그는 신의 존재를 성서의 권위에 의하지 않고 이성만으로 증명하고자 유명한 신의 본체론적 증명을 창시하였다.

그는 신을 '최대의 것'으로 규정하고 거기에서 신의 존재를 추론해 냈다. "신은 최대의 것이다. 그러므로 신은 만물을 포함한다. 그러므로 존재를 포함한다. 따라서 신은 존재한다." 이것을 신의 본체론적인 증명이라 한다.

야코비 (Friedrich Heinrich Jacobi, 1743-1819)

독일 신앙철학의 조직자. 그는 이성에 대한 감정의 우위를 인정하고 합리론에 반대하여 신앙철학·감정철학을 주장하고, 이를 대성시켜 칸트·라인홀트의 철학에 대한 최초의 조직적 반대자가 되었다. 특히 그는 스피노자 철학은 오성(悟性) 인식을 철저히 한 합리론의 가장 제합적(齊合的)인 체계이지만, 한편 자유 부정의 결정론으로서 그 결과는 유물론·무신론이 된다고 생각함으로써 감정 신앙만이 외계(外界)와 초경험계의 실재를 파악할 수 있다고 주장했다.

엘리아데 (Mircea Eliade, 1907-1986)

루마니아의 종교사가·저술가. 여러 종교 전승에 쓰인 상징어를 연구하고, 이 상징어의 뜻을 신비 현상의 기초가 되는 저변의 원시 신화로 환원하려한 것으로 유명하다. 저서에 《샤머니즘》과 《종교사상사》 등이 있다.

유클리드 (에우클레이데스)

BC 300년경 알렉산드리아에서 활동한 그리스·로마 시대의 으뜸가는 수학자. 기하학 논문인 《기하학 원본》이 잘 알려져 있다.

칸트 (Immanuel Kant, 1724-1804)

독일의 계몽주의 사상가. 르네 데카르트에서 시작된 합리론과 프랜시스 베이컨에서 시작된 경험론을 종합하였다. 저서에 《순수 이성 비판》·《실천 이성 비판》·《판단력 비판》·《이성의 한계 내에서의 종교》 등이 있다.

테야르 드 샤르댕 (Pierre Teilhard de Chardin, 1881-1955)

프랑스의 철학자·고생물학자. 인간은 마지막 정신적 통일체를 향해 정신적·사회적으로 진화하고 있다는 이론으로 유명하다. 과학과 그리스도교를 혼합하여 인류의 서사시는 '십자가의 길'과는 조금도 닮지 않았다고 주장했다.

토마스 아퀴나스 (Saint Thomas Aquinas, 1224–1274)

1323년 성인으로 추증. 그리스도교 철학자. 인성·창조·섭리를 다룬 형이상학 분야에서 아리스토텔레스의 전제들로부터 그 나름의 결론을 이끌어 냈다. 《신학 대전》·《이단 논박 대전》이라는 2편의 걸작을 써서 라틴 신학을 고전적으로 체계화한 신학자였으며, 교회 전례에서 사용되는 몇 편의 아름다운 찬송가를 지은 시인이었다. 현대 로마 가톨릭 신학자들 가운데는 그의 견해에 동의하지 않는 사람들이 많이 있지만, 로마 가톨릭 교회는 그를 가장 뛰어난 철학자이며 신학자로 인정한다.

파르메니데스 (Parmenides, BC 515경–)

그리스 철학자. 소크라테스 이전 그리스의 주요 학파 가운데 하나인 엘레아학파를 세웠다. 존재하는 다수의 사물과 그들의 형태 변화 및 운동이란 단 하나의 영원한 실재(존재)의 현상일 뿐이라고 주장, '모든 것은 하나'라는 이른바 파르메니데스 원리를 세웠다. 이러한 존재 개념을 바탕으로 그는 변화와 비(非)존재를 주장하는 것은 비논리적이라고 말했다.

그의 저서 《자연에 대하여》는 〈진리의 길〉과 〈억견의 길〉의 두 부분으로 나누어져 있다. 전자에서는 이성만이 진리의 규준으로 절대의 유(有)를 주장하고 비유(非有)는 결코 존재하지 않으며, 또 생각할 수도 없다고 말했다. 존재하는 것도 생성하는 것도 소멸도 없으며, 유일한 부동(不動) 무종(無終)한 것이다. 이것은 영원의 현재로서 결코 분할되지는 못한다. 따라서 기원도 없고 전혀 굳은 연관 속에 존재한다. 인식의 대상도 이 유일한 '유'에 지나지 않는다. 후자에서는 단순한 망상에 불과한 것을 주장한다. 사견, 즉 지각의 대상으로서의 생성·소멸·장소·색체의 변화 등을 설명한다.

파스칼 (Blaise Pascal, 1623–1662)

프랑스의 수학자·물리학자·종교철학자·작가. 근대 확률 이론을 창시했고, 압력에 관한 원리(파스칼의 원리)를 체계화했으며, 신의 존재는 이성이 아니라 심성을 통해 체험할 수 있다고 가르치는 종교적 독단론을 설파했다. 직관론에 바탕을 둔 그의 사상은 장 자크 루소와 앙리 베르그송 및 실존주의자 등 후세의 철학자들에게 상당한 영향을 끼쳤다. 신이 존재하지 않는다면 회의론자가 신 믿는다 해도 전혀 손해 볼 것이 없지만, 만약 신이 존재한다면 회의론자는 신을 믿음으로써 영원한 삶을 얻을 수 있다는 것이다. 인간은 오로지 예수 그리스도를 통해서만 신에게 도달해야 한다고 주장했다. 바울과 마찬가지로 파스칼에게도 예수 그리스도는 인류의 조상인 아담이 없이는 상상할 수도 없는 제2의 아담이었다. 저서에 《시골 친구에게 쓴 편지》·《명상록》등이 있다.

푸코 (Michel Paul Foucault, 1926-1984)

프랑스의 구조주의 철학자. 사회를 움직이는 여러 개념과 약호(略號), 특히 정상인과 비정상인을 구분하는 것처럼 사회를 규정하는 '배타 원리'에 대한 연구로 유명하다. 《광기와 문명》·《감시와 처벌》에서는 정신병원·병원·감옥 등은 배타를 실행하기 위한 사회적 장치라고 주장했고, 이들 장치에 대한 사회적 태도를 관찰함으로써 권력의 발달과 행사(行使)를 엿볼 수 있다고 보았다. 그리고 《사물의 질서: 인문과학의 고고학》·《지식의 고고학》·《성(性)의 역사》등의 저서를 발표했다.

프루스트 (Marcel Proust, 1871-1922)

프랑스의 소설가. 자신의 삶을 '의식의 흐름' 기법을 통해 심리적·비유적으로 그린 작품 《잃어버린 시간을 찾아서》로 널리 알려졌다.

플라톤 (Platon, BC 428-BC 348)

고대 그리스 철학자. 객관적 관념론자로 관념론 철학의 창시자. 논리학·인식론·형이상학 등에 걸친 광범위하고 심오한 철학 세계를 전개했으며, 특히 그의 모든 사상의 발전에는 윤리적 동기가 바탕을 이루고 있다. 또한 이성이 인도하는 것이면 무엇이든 따라야 한다는 이성주의적 입장을 고수했다. 따라서 그의 철학의 핵심은 이성주의적 윤리학이다.

헤겔 (Georg Wilhelm Friedrich Hegel, 1770-1831)

독일의 철학자이자 독일 관념론의 완성자. 자연·역사·정신의 전세계를 부단히 변화하고 발전하는 과정으로 생각하고, 그것을 관념의 변증법적 전개로서 파악하려고 하는 장대한 체계를 구축하였다. 그 정·반·합을 기본 운동으로 하는 변증법의 원리는 마르크스주의에 비판적으로 계승되었다. 저서에 《정신 현상》·《논리학》·《법률 철학 강요》 등이 있다.

헤르메스

그리스 신화에 나오는 신. 제우스와 마이아의 아들로 신들의 사자.
목부(牧夫)·나그네·상인·도둑의 수호신이며, 또한 죽은 사람의 망령을 저승으로 인도하는 신이다. 로마 신화의 메르쿠리우스에 해당한다.

원 주

1) *Images et symboles*, Gallimard, 〈Tel〉, 1979, p.71.
2) *Physique*, IV, 208b.
3) *Précis de l'encyclopédie des sciences philosophiques*(1817), §462, p.258 de la trad. Gibelin, Vrin, 1967.
4) 〈마태 복음〉, 16장 16절.
5) 〈마태 복음〉, 16장 17절.
6) Sixième vers du poème 〈Delfica〉(1845) de Gérard de Nerval. *Œuvres*, t. I dans 〈La Pléiade〉, p.35(éd. de 1952).
7) 그러나 어떤 의미에서 보면, 그것은 번역자의 일이다. 번역자는 텍스트의 원문에 내재된 원래의 공간이 있는 것처럼 그것을 번역함에 있어 원문과 같은 또 다른 시적 공간을 펼쳐야만 한다.
8) Traduction de Roland Caillois des *Œuvres* de Spinoza dans la collection de 〈La Pléiade〉.
9) *Un destin philosophique*, p.36, Grasset, 1982, et Le Livre de Poche, 1984.
10) *Métaphysique*, livre α, I, 993a.
11) *Ibid.*
12) Parménide, *Poème*, fragment 6, trad. Voilquin, in *Les Penseurs grecs avant Socrate*, Garnier-Flammarion, 1964, p.94.
13) 그것은 바로 플라톤이 *Le Sophiste*에서 그에게 말한 비난이다.
14) Aristote, *Métaphysique*, livreΘ, 6, 1048b. trad. J. Tricot, Vrin, 1964, p.499.
15) G. Deleuze et F. Guattari, *Qu'est-ce que la philosophie?*, Minuit, 1991, p.10.
16) "그런데 사색하지 않으면서 살려고 하는 것은, 조금도 눈을 뜨려고 노력하지 않은 채 눈을 감아 버리는 것이다." Descartes, *Principes de la philosophie*, lettre de l'auteur au traducteur, in *Œuvres*, 〈La Pléiade〉, 1953, p.558.
17) "그러한 성찰이(……) 이 생에서 우리가 느낄 수 있을 가장 큰 기쁨을 즐길 수 있도록 해주고 있음을 지금부터 경험해 봅시다."(같은 책, p.300)
18) Partie V, dernière proposition(XLII): "완전한 행복은 미덕의 보상은 아니나, 미덕 그 자체이다. 그리고 우리는 감정을 억제하고 있기 때문에 기쁨을 경험하지 못하고 있다. 그와 반대로 우리가 감정을 억제할 수 있는 것은 바로 우

리가 기쁨을 경험하고 있기 때문이다."(p.595)
19) *Lettre aux Hébreux*, 7. 26-27, trad. de la ⟨Bible de Jérusalem⟩.
20) ⟨요한 복음⟩, 1장 1절, *Ibid.*
21) Gadamer, *Vérité et méthode*, Seuil, trad. Sacre, 1976, p.137.
22) La ⟨Dialectique transcendantale⟩ forme la deuxième division de la ⟨logique transcendantale⟩, qui elle-même constitue la deuxième partie de la ⟨Théorie transcendantale des éléments⟩, I. de la *Critique de la raison pure*.
23) Et c'est sûrement vrai⋯.
24) Hans Driesch, *Der Vitalismus als Gesch. und als Lehre*, Leipzig, 1909. Avis totalement contraire d'Albert Dalcq, *Initiation à l'embryologie générale*, 1952, Liège, Desoer, et Paris, Masson.
25) Alan Sokal et Jean Bricmont, *Impostures intellectuelles*, Odile Jacob, 1997.
26) *Critique de la raison pure*, Dialectique transcendantale, 4e section du chapitre III(순수 이성의 이상): 신의 존재에 대한 존재론적인 증명의 불가능성에 대하여.
27) ⟨요한 1서⟩, 특히 4장 21절. 또한 ⟨요한 복음⟩, 13장 34절을 보라. "새 계명을 너희에게 주노니, 서로 사랑하라."
28) *Critique de la raison pratique*, 1re partie, Analytique, p.709 du tome II des Œuvres philosophiques de Kant dans ⟨La Pléiade⟩(1985). Trade. Ferry et Wismann.
29) Somme théologique, 1re partie, question 1, article 5, ⟨les autres sciences sont servantes de la théologie⟩. Trad. Sertillanges, Desclée & Cie, 1958.
30) Paul, ⟨Car ce qui est folie de Dieu est plus sage que les hommes⟩, *Première Épître aux Corinthiens*, 1. 25, trad. Bible de Jésualem.
31) "완전한 진리, 그것은 성서가 무의미 속에서 온 세상보다도 더 큰 힘을 가지고 있는 것이다. 완전한 진리, 그것은 소위 이 세상에 대한 모든 절대적인 진리들이 진리의 물력론을 깨고 눈에 띄는 명백한 진리의 승리와 혼동을 하는 성서에 의해, 이미 그 비밀이 명백히 드러나고 반박되어 좌절되고 시대에 뒤쳐진 상태에 있는 것들이다." Karl Barth, *Dogmatique*, I, 2, vol. 3, p.225, Labor et Fides.
32) Bachelard, *Le Nouvel Esprit scientifique*, PUF, 1960, p.174.
33) Pascal, *Pensées*, 110, Lafuma.
34) *Éthique*, V, proposition XXIII, scolie, p.582 dans ⟨La Pléiade⟩.
35) ⟨요한 복음⟩, 6장 67-68절, Trad. Bible de Jésusalem.
36) *Traité sur les sacrements*.
37) Payot, 1983, p.97 et suivantes.

38) Cf. par exemple *La Catéchèse des débutants*, chapitre II, 4, in *Œuvres de saint Augustin*, 1re série, XI, Desclée de Brouwer, 1949.

39) *De Trinitate*, in *Œuvres de saint Augustin*, 2e série, XV et XVI, Desclée de Brouwer, 1955.

40) 바울이 빌립보 교회에 보낸 편지인 〈빌립보서〉, 2장 7절.

41) "사망(死亡)과 음부(陰府)도 불못에 던지우니." 〈요한 계시록〉, 20장 14-15절.

42) 〈창세기〉, 1장 26-27절.

43) *De Trinitate*, livre X.

44) p.398 de l'édition de 1966, Gallimard, 〈Bibliothèque des sciences humaines〉.

45) p.386.

46) Traduction du XVIIe siècle du P. Cyprien, in *Œuvres complètes*, 4e éd., 1967, Desclée de Brouwer, p.925.

47) *Somme théologique*, 2e partie de la 2e partie, question 1, article 1.

48) *Méditation métaphysique*, IV, p.305, 〈La Pléiade〉, 1953.

49) *Ibid.*, IV, p.306. 저자의 강조.

50) *Ibid.*, IV, p.305.

51) Parménide, *Poème*, fragment 1: "나를 태우고 가는 암말들이 내 영혼의 열정이 이끄는 곳으로 나를 데려다 주었다." in *Les Penseurs grecs avant Socrate*, Garnier-Flammarion, 1964, trad. Jean Voilquin, p.92.

52) *Images et symboles*, Gallimard, 〈Tel〉, 1979, p.13.

53) *Ibid.*, p.21.

54) *République*, VI, 508b 509d.

55) Bergson, *La Pensée et le mouvant*(1934), in *Œuvres*, p.1276-1277 dans l'édition dite du Centenaire, 2e éd., PUF, 1963.

56) 이성의 어두운 측면을 합리적으로 명확하게 밝히려고 애쓰는(변장을 한 신학자가 아닌) 철학자가 적어도 한 명은 존재한다. Michel Henry, 특히 *L'Essence de la manifestation*(PUF, 1963). 그 결과는 20세기의 가장 위대한 철학 작품들 중의 하나이며, 가장 어렵고 또한 가장 논쟁의 대상이 되는 작품들 중의 하나이다. 종교적 신앙과 근접한 것은 범위가 정해져 있으며 명백하다. *C'est moi la Vérité*(Seuil, 1996)는 *Pour une philosophie du christianisme*라는 부제를 가지고 있다.

57) *Phénoménologie de l'Esprit*(1807) t. I, Préface, p.12 de la trad. Hyppolite, Aubier Montaigne, 1939.

58) *Ibid.*, t. I, p.278.

59) *La Nuit obscure*, livre II, chapitre 8, p.440-441 de l'édition déjà citée.

60) *Évangile* de Jean, chapitre I, verset 9.

61) *Montée*, livre II, chapitre 2, p.125.
62) *Ibid.*, chapitre 3, p.128.
63) 그것은 사랑에 관한 장면이다. 《교회 찬송가》와 《사랑에 대한 열정》, 장 드 라 크루아의 마지막 이 두 작품은 이런 비교를 바탕으로 지어졌다.
64) *Cantique spirituel*, strophe XV, vers 2, p.598. Traduction légèrement revue.
65) *Nuit obscure*, livre II, chapitre 9, p.442.
66) Éthique à Nicomaque, livre X, 1174b-1175a.
67) Œuvres, p.928.
68) 우리는 E. 레비나스를 생각할 수 있다. "기다리던 것은 (······) 채워질 수는 없지만, (······) (형이상학적인 욕구)를 더 파헤치고 있다." *Totalité et infini*, Martinus Nijhoff, 1971, p.4.
69) *Cantique spirituel*, commentaire de la strophe IX, vers 5, p.566.
70) Méditations, I. "나는 과학에서 확고부동한 무언가를 확립하기를 바랐었다."
71) 그것은 소위 일시적이고 정신적인 '방법에서 추출한 정신에 대한 몇 가지 규칙들'에 관해, *Discours de la Méthode* 3부 전체에 걸쳐 지속되는 관심사이다.
72) 〈고린도전서〉, 15장 13-14절.
73) 〈고린도전서〉, 15장 19절.

최은영
단국대학교 불어불문학과 졸업
서강대학교 대학원 졸업

현대신서
47

이성의 한가운데에서

초판발행 : 2000년 11월 30일

지은이 : 알랭 퀴노
옮긴이 : 최은영
펴낸이 : 辛成大
펴낸곳 : 東文選
제10-64호, 78. 12. 16 등록
110-300 서울 종로구 관훈동 74번지
전화 : 737-2795
팩스 : 723-4518

편집설계: 韓仁淑

ISBN 89-8038-120-4 04160
ISBN 89-8038-050-X (세트)

【東文選 現代新書】

1 21세기를 위한 새로운 엘리트	FORESEEN 연구소 / 김경현	7,000원
2 의지, 의무, 자유	L. 밀러 / 이대희	6,000원
3 사유의 패배	A. 핑켈크로트 / 주태환	7,000원
4 문학이론	J. 컬러 / 이은경·임옥희	7,000원
5 불교란 무엇인가	D. 키언 / 고길환	6,000원
6 유대교란 무엇인가	N. 솔로몬 / 최창모	6,000원
7 20세기 프랑스철학	E. 매슈스 / 김종갑	8,000원
8 강의에 대한 강의	P. 부르디외 / 현택수	6,000원
9 텔레비전에 대하여	P. 부르디외 / 현택수	7,000원
10 고고학이란 무엇인가	P. 반 / 박범수	근간
11 우리는 무엇을 아는가	T. 나겔 / 오영미	5,000원
12 에쁘롱	J. 데리다 / 김다은	7,000원
13 히스테리 사례분석	S. 프로이트 / 태혜숙	7,000원
14 사랑의 지혜	A. 핑켈크로트 / 권유현	6,000원
15 일반미학	R. 카이유와 / 이경자	6,000원
16 본다는 것의 의미	J. 버거 / 박범수	10,000원
17 일본영화사	M. 테시에 / 최은미	7,000원
18 청소년을 위한 철학교실	A. 자카르 / 장혜영	7,000원
19 미술사학 입문	M. 포인턴 / 박범수	8,000원
20 클래식	M. 비어드·J. 헨더슨 / 박범수	6,000원
21 정치란 무엇인가	K. 미노그 / 이정철	6,000원
22 이미지의 폭력	O. 몽젱 / 이은민	8,000원
23 청소년을 위한 경제학교실	J. C. 드루엥 / 조은미	6,000원
24 순진함의 유혹	P. 브뤼크네르 / 김웅권	9,000원
25 청소년을 위한 이야기 경제학	A. 푸르상 / 이은민	근간
26 부르디외 사회학 입문	P. 보네위츠 / 문경자	7,000원
27 돈은 하늘에서 떨어지지 않는다	K. 아른트 / 유영미	6,000원
28 상상력의 세계사	R. 보이아 / 김웅권	9,000원
29 지식을 교환하는 새로운 기술	A. 벵토릴라 外 / 김혜경	6,000원
30 니체 읽기	R. 비어즈워스 / 김웅권	6,000원
31 노동, 교환, 기술	B. 데코사 / 신은영	6,000원
32 미국만들기	R. 로티 / 임옥희	근간
33 연극의 이해	A. 쿠프리 / 장혜영	8,000원
34 라틴문학의 이해	J. 가야르 / 김교신	8,000원
35 여성적 가치의 선택	FORESEEN연구소 / 문신원	7,000원
36 동양과 서양 사이	L. 이리가라이 / 이은민	7,000원
37 영화와 문학	R. 리처드슨 / 이형식	8,000원
38 분류하기의 유혹	G. 비뇨 / 임기대	7,000원
39 사실주의 문학의 이해	G. 라루 / 조성애	8,000원
40 윤리학 — 악에 대한 의식에 관하여	A. 바디우 / 이종영	근간

41 武士道란 무엇인가	新渡戶稻造 / 심우성	근간
42 진보의 미래	D. 르쿠르 / 김영선	근간
43 중세에 살기	J. 르 고프 外 / 최애리	8,000원
44 쾌락의 횡포·상	J. C. 기유보 / 김웅권	근간
45 쾌락의 횡포·하	J. C. 기유보 / 김웅권	근간
46 운디네와 지식의 불	B. 데스파냐 / 김웅권	근간
47 이성의 한가운데에서	A. 퀴노 / 최은영	6,000원
48 도덕적 명령	FORESEEN 연구소 / 우강택	근간
49 망각의 형태	M. 오제 / 김수경	근간
50 느리게 산다는 것의 의미	P. 쌍소 / 김주경	7,000원
51 나만의 자유를 찾아서	C. 토마스 / 문신원	6,000원
52 음악적 삶의 의미	M. 존스 / 송인영	근간
53 나의 철학 유언	J. 기통 / 권유현	8,000원
54 타르튀프 / 서민귀족	몰리에르 / 덕성여대극예술비교연구회	8,000원
55 판타지 산업	A. 플라워즈 / 박범수	근간
56 이탈리아 영화사	L. 스키파노 / 이주현	근간
57 홍 수	J. M. G. 르 클레지오 / 신미경	근간
58 일신교 - 성경과 철학자들	E. 오르티그 / 전광호	6,000원
59 프랑스 시의 이해	A. 바이양 / 김다은·이혜지	8,000원
60 종교철학	J. P. 힉 / 김희수	10,000원
61 고요함의 폭력	V. 포레스테 / 박은영	근간
62 소녀, 선생님 그리고 신	E. 노르트호펜 / 안상원	근간
63 미학개론 — 예술철학입문	A. 셰퍼드 / 유호전	근간
64 논증 — 담화에서 사고까지	G. 비뇨 / 임기대	근간
65 역사 — 성찰된 시간	F. 도스 / 김미겸	근간
66 비교문학개요	F. 클로동·K. 아다보트링 / 김정란	근간
67 남성지배	P. 부르디외 / 김용숙·주경미	9,000원
68 호모사피언스에서 인터렉티브인간으로	FORESEEN 연구소 / 공나리	근간
69 상투어	R. 아모시·A. H. 피에로 / 조성애	근간
70 촛불의 미학	G. 바슐라르 / 이가림	근간
71 푸코 읽기	P. 빌루에 / 나길래	근간
72 문학논술	J. 파프·D. 로쉬 / 권종분	근간
73 민속문화란 무엇인가	沈雨晟	근간
74 시학 — 문학형식일반론입문	D. 퐁텐느 / 이용주	근간
75 자유의 순간	P. M. 코헨 / 최하영	근간

【東文選 文藝新書】

1 저주받은 詩人들	A. 뻬이르 / 최수철·김종호	개정근간
2 민속문화론서설	沈雨晟	40,000원
3 인형극의 기술	A. 훼도토프 / 沈雨晟	8,000원
4 전위연극론	J. 로스 에반스 / 沈雨晟	12,000원
5 남사당패연구	沈雨晟	10,000원

6 현대영미희곡선(전4권)	N. 코워드 外 / 李辰洙	절판
7 행위예술	L. 골드버그 / 沈雨晟	절판
8 문예미학	蔡 儀 / 姜慶鎬	절판
9 神의 起源	何 新 / 洪 熹	16,000원
10 중국예술정신	徐復觀 / 權德周	24,000원
11 中國古代書史	錢存訓 / 金允子	14,000원
12 이미지 — 시각과 미디어	J. 버거 / 편집부	14,000원
13 연극의 역사	P. 하트놀 / 沈雨晟	절판
14 詩 論	朱光潛 / 鄭相泓	9,000원
15 탄트라	A. 무케르지 / 金龜山	10,000원
16 조선민족무용기본	최승희	15,000원
17 몽고문화사	D. 마이달 / 金龜山	8,000원
18 신화 미술 제사	張光直 / 李 徹	10,000원
19 아시아 무용의 인류학	宮尾慈良 / 沈雨晟	절판
20 아시아 민족음악순례	藤井知昭 / 沈雨晟	5,000원
21 華夏美學	李澤厚 / 權 瑚	15,000원
22 道	張立文 / 權 瑚	18,000원
23 朝鮮의 占卜과 豫言	村山智順 / 金禧慶	15,000원
24 원시미술	L. 아담 / 金仁煥	16,000원
25 朝鮮民俗誌	秋葉隆 / 沈雨晟	12,000원
26 神話의 이미지	J. 캠벨 / 扈承喜	근간
27 原始佛敎	中村元 / 鄭泰爀	8,000원
28 朝鮮女俗考	李能和 / 金尙憶	12,000원
29 朝鮮解語花史(조선기생사)	李能和 / 李在崑	25,000원
30 조선창극사	鄭魯湜	7,000원
31 동양회화미학	崔炳植	9,000원
32 性과 결혼의 민족학	和田正平 / 沈雨晟	9,000원
33 農漁俗談辭典	宋在璇	12,000원
34 朝鮮의 鬼神	村山智順 / 金禧慶	12,000원
35 道敎와 中國文化	葛兆光 / 沈揆昊	15,000원
36 禪宗과 中國文化	葛兆光 / 鄭相泓·任炳權	8,000원
37 오페라의 역사	L. 오레이 / 류연희	절판
38 인도종교미술	A. 무케르지 / 崔炳植	14,000원
39 힌두교의 그림언어	안넬리제 外 / 全在星	9,000원
40 중국고대사회	許進雄 / 洪 熹	22,000원
41 중국문화개론	李宗桂 / 李宰碩	15,000원
42 龍鳳文化源流	王大有 / 林東錫	17,000원
43 甲骨學通論	王宇信 / 李宰錫	근간
44 朝鮮巫俗考	李能和 / 李在崑	12,000원
45 미술과 페미니즘	N. 부루드 外 / 扈承喜	9,000원
46 아프리카미술	P. 윌레뜨 / 崔炳植	절판
47 美의 歷程	李澤厚 / 尹壽榮	22,000원

48 曼茶羅의 神들	立川武藏 / 金龜山	절판
49 朝鮮歲時記	洪錫謨 外/李錫浩	30,000원
50 하 상	蘇曉康 外 / 洪 熹	절판
51 武藝圖譜通志 實技解題	正 祖 / 沈雨晟・金光錫	15,000원
52 古文字學첫걸음	李學勤 / 河永三	9,000원
53 體育美學	胡小明 / 閔永淑	10,000원
54 아시아 美術의 再發見	崔炳植	9,000원
55 曆과 占의 科學	永田久 / 沈雨晟	8,000원
56 中國小學史	胡奇光 / 李宰碩	20,000원
57 中國甲骨學史	吳浩坤 外 / 梁東淑	근간
58 꿈의 철학	劉文英 / 河永三	22,000원
59 女神들의 인도	立川武藏 / 金龜山	13,000원
60 性의 역사	J. L. 플랑드렝 / 편집부	18,000원
61 쉬르섹슈얼리티	W. 챠드윅 / 편집부	10,000원
62 여성속담사전	宋在璇	18,000원
63 박재서희곡선	朴栽緒	10,000원
64 東北民族源流	孫進己 / 林東錫	13,000원
65 朝鮮巫俗의 硏究(상・하)	赤松智城・秋葉隆 / 沈雨晟	28,000원
66 中國文學 속의 孤獨感	斯波六郎 / 尹壽榮	8,000원
67 한국사회주의 연극운동사	李康列	8,000원
68 스포츠인류학	K. 블랑챠드 外 / 박기동 外	12,000원
69 리조복식도감	리팔찬	절판
70 娼 婦	A. 꼬르뱅 / 李宗旼	20,000원
71 조선민요연구	高晶玉	30,000원
72 楚文化史	張正明	근간
73 시간 욕망 공포	A. 꼬르뱅	근간
74 本國劍	金光錫	40,000원
75 노트와 반노트	E. 이오네스코 / 박형섭	절판
76 朝鮮美術史研究	尹喜淳	7,000원
77 拳法要訣	金光錫	10,000원
78 艸衣選集	艸衣意恂 / 林鍾旭	14,000원
79 漢語音韻學講義	董少文 / 林東錫	10,000원
80 이오네스코 연극미학	C. 위베르 / 박형섭	9,000원
81 중국문자훈고학사전	全廣鎭 편역	15,000원
82 상말속담사전	宋在璇	10,000원
83 書法論叢	沈尹默 / 郭魯鳳	8,000원
84 침실의 문화사	P. 디비 / 편집부	9,000원
85 禮의 精神	柳 肅 / 洪 熹	10,000원
86 조선공예개관	日本民芸協會 편 / 沈雨晟	30,000원
87 性愛의 社會史	J. 솔레 / 李宗旼	12,000원
88 러시아미술사	A. I. 조토프 / 이건수	16,000원
89 中國書藝論文選	郭魯鳳 選譯	25,000원

90	朝鮮美術史	關野貞	근간
91	美術版 탄트라	P. 로슨 / 편집부	8,000원
92	군달리니	A. 무케르지 / 편집부	9,000원
93	카마수트라	바짜야나 / 鄭泰爀	10,000원
94	중국언어학총론	J. 노먼 / 全廣鎭	18,000원
95	運氣學說	任應秋 / 李宰碩	8,000원
96	동물속담사전	宋在璇	20,000원
97	자본주의의 아비투스	P. 부르디외 / 최종철	6,000원
98	宗敎學入門	F. 막스 뮐러 / 金龜山	10,000원
99	변 화	P. 바츨라빅크 外 / 박인철	10,000원
100	우리나라 민속놀이	沈雨晟	15,000원
101	歌訣(중국역대명언경구집)	李宰碩 편역	20,000원
102	아니마와 아니무스	A. 융 / 박해순	8,000원
103	나, 너, 우리	L. 이리가라이 / 박정오	10,000원
104	베케트연극론	M. 푸크레 / 박형섭	8,000원
105	포르노그래피	A. 드워킨 / 유혜련	12,000원
106	셸 링	M. 하이데거 / 최상욱	12,000원
107	프랑수아 비용	宋 勉	18,000원
108	중국서예 80제	郭魯鳳 편역	16,000원
109	性과 미디어	W. B. 키 / 박해순	12,000원
110	中國正史朝鮮列國傳(전2권)	金聲九 편역	120,000원
111	질병의 기원	T. 매큐언 / 서 일·박종연	12,000원
112	과학과 젠더	E. F. 켈러 / 민경숙·이현주	10,000원
113	물질문명·경제·자본주의	F. 브로델 / 이문숙 外	절판
114	이탈리아인 태고의 지혜	G. 비코 / 李源斗	8,000원
115	中國武俠史	陳 山 / 姜鳳求	18,000원
116	공포의 권력	J. 크리스테바 / 서민원	근간
117	주색잡기속담사전	宋在璇	15,000원
118	죽음 앞에 선 인간(상·하)	P. 아리에스 / 劉仙子	각권 8,000원
119	철학에 관하여	L. 알튀세르 / 서관모·백승욱	10,000원
120	다른 곳	J. 데리다 / 김다은·이혜지	8,000원
121	문학비평방법론	D. 베르제 外 / 민혜숙	12,000원
122	자기의 테크놀로지	M. 푸코 / 이희원	12,000원
123	새로운 학문	G. 비코 / 李源斗	22,000원
124	천재와 광기	P. 브르노 / 김웅권	13,000원
125	중국은사문화	馬 華·陳正宏 / 강경범·천현경	12,000원
126	푸코와 페미니즘	C. 라마자노글루 外 / 최 영 外	16,000원
127	역사주의	P. 해밀턴 / 임옥희	12,000원
128	中國書藝美學	宋 民 / 郭魯鳳	16,000원
129	죽음의 역사	P. 아리에스 / 이종민	13,000원
130	돈속담사전	宋在璇 편	15,000원
131	동양극장과 연극인들	김영무	15,000원

132 生育神과 性巫術	宋兆麟 / 洪 熹	20,000원
133 미학의 핵심	M. M. 이턴 / 유호전	14,000원
134 전사와 농민	J. 뒤비 / 최생열	18,000원
135 여성의 상태	N. 에니크 / 서민원	22,000원
136 중세의 지식인들	J. 르 고프 / 최애리	18,000원
137 구조주의의 역사(전4권)	F. 도스 / 이봉지 外	각권 13,000원
138 글쓰기의 문제해결전략	L. 플라워 / 원진숙·황정현	20,000원
139 음식속담사전	宋在璇 편	16,000원
140 고전수필개론	權 瑚	16,000원
141 예술의 규칙	P. 부르디외 / 하태환	23,000원
142 사회를 보호해야 한다	M. 푸코 / 박정자	16,000원
143 페미니즘사전	L. 터틀 / 호승희·유혜련	26,000원
144 여성심벌사전	B. G. 워커 / 편집부	근간
145 모데르니테 모데르니테	H. 메쇼닉 / 김다은	20,000원
146 눈물의 역사	A. 벵상뷔포 / 김자경	18,000원
147 모더니티입문	H. 르페브르 / 이종민	24,000원
148 재생산	P. 부르디외 / 이상호	18,000원
149 종교철학의 핵심	W. J. 웨인라이트 / 김희수	18,000원
150 기호와 몽상	A. 시몽 / 박형섭	22,000원
151 융분석비평사전	A. 새뮤얼 外 / 민혜숙	16,000원
152 운보 김기창 예술론연구	최병식	14,000원
153 시적 언어의 혁명	J. 크리스테바 / 김인환	20,000원
154 예술의 위기	Y. 미쇼 / 하태환	15,000원
155 프랑스사회사	G. 뒤프 / 박 단	16,000원
156 중국문예심리학사	劉偉林 / 沈揆昊	30,000원
157 무지카 프라티카	M. 캐넌 / 김혜중	근간
158 불교산책	鄭泰爀	20,000원
159 인간과 죽음	E. 모랭 / 김명숙	23,000원
160 地中海(전5권)	F. 브로델 / 李宗旼	근간
161 漢語文字學史	黃德實·陳秉新 / 河永三	24,000원
162 글쓰기와 차이	J. 데리다 / 남수인	근간
163 朝鮮神事誌	李能和 / 李在崑	근간
164 영국제국주의	S. C. 스미스 / 이태숙·김종원	근간
165 영화서술학	A. 고드르·F. 조스트 / 송지연	근간
166 미학사전	사사키 겐이치 / 민주식	근간
167 하나이지 않은 성	L. 이리가라이 / 이은민	18,000원
168 中國歷代書論	郭魯鳳 譯註	25,000원
169 요가수트라	鄭泰爀	15,000원
170 비정상인들	M. 푸코 / 박정자	근간
171 미친 진실	J. 크리스테바 / 서민원	근간
172 디스탱숑(상·하)	P. 부르디외 / 이종민	근간
173 세계의 비참(전3권)	P. 부르디외 外 / 김주경	각권 26,000원

174 수묵의 사상과 역사	崔炳植	근간
175 파스칼적 명상	P. 부르디외 / 김웅권	근간
176 지방의 계몽주의(전2권)	D. 로슈 / 주명철	근간

【롤랑 바르트 전집】

현대의 신화	이화여대기호학연구소 옮김	15,000원
모드의 체계	이화여대기호학연구소 옮김	18,000원
텍스트의 즐거움	김희영 옮김	15,000원
라신에 관하여	남수인 옮김	10,000원

【漢典大系】

說 苑 (上·下)	林東錫 譯註	각권 30,000원
晏子春秋	林東錫 譯註	30,000원
西京雜記	林東錫 譯註	20,000원
搜神記 (上·下)	林東錫 譯註	각권 30,000원

【기 타】

■ 경제적 공포	V. 포레스테 / 김주경	7,000원
■ 古陶文字徵	高 明·葛英會	20,000원
■ 古文字類編	高 明	24,000원
■ 金文編	容 庚	36,000원
■ 노력을 대신하는 것은 없다	R. 쉬이 / 유혜련	5,000원
■ 딸에게 들려 주는 작은 지혜	N. 레흐레이트너 / 양영란	6,500원
■ 딸에게 들려 주는 작은 철학	R. 시몬 셰퍼 / 안상원	7,000원
■ 미래를 원한다	J. D. 로스네 / 문 선·김덕희	8,500원
■ 사랑의 존재	한용운 시집	3,000원
■ 산이 높으면 마땅히 우러러볼 일이다	유 향 / 임동석	5,000원
■ 서기 1000년과 서기 2000년 그 두려움의 흔적들	J. 뒤비 / 양영란	8,000원
■ 서비스는 유행을 타지 않는다	B. 바게트 / 정소영	5,000원
■ 선종이야기	홍 희 편저	8,000원
■ 섬으로 흐르는 역사	김영희	10,000원
■ 소림간가권	덕 건 / 홍 희	5,000원
■ 세계사상	창간호~3호: 각권 10,000원,	4호: 14,000원
■ 십이속상도안집	편집부	8,000원
■ 어린이 수묵화의 첫걸음(전6권)	趙 陽	42,000원
■ 오늘 다 못다한 말은	이외수 편	6,000원
■ 오블라디 오블라다 인생은 브래지어 위를 흐른다	무라카미 하루키 / 김난주	7,000원
■ 이외수	신승근 시집	3,000원
■ 인생은 앞유리를 통해서 보라	B. 바게트 / 박해순	5,000원
■ 잠수복과 나비	J. D. 보비 / 양영란	6,000원

■ 중국기공체조	중국인민잡지사	3,400원
■ 중국도가비전양생장수술	변치중	5,000원
■ 천연기념물이 된 바보	최병식	7,800원
■ 터무니없는 한국사람 얄미운 일본사람	신윤식	6,000원
■ 原本 武藝圖譜通志	正祖 命撰	60,000원
■ 隸字編	洪鈞陶	40,000원
■ 테오의 여행 (전5권)	C. 클레망 / 양영란	각권 6,000원
■ 한글 설원 (상·중·하)	임동석 옮김	각권 7,000원
■ 한글 안자춘추	임동석 옮김	8,000원
■ 한글 수신기 (상·하)	임동석 옮김	각권 8,000원

【조병화 작품집】

■ 공존의 이유	제11시집	5,000원
■ 그리운 사람이 있다는 것은	제45시집	5,000원
■ 길	애송시모음집	10,000원
■ 개구리의 명상	제40시집	3,000원
■ 꿈	고희기념자선시집	10,000원
■ 따뜻한 슬픔	제49시집	5,000원
■ 버리고 싶은 유산	제 1시집	3,000원
■ 사랑의 노숙	애송시집	4,000원
■ 사랑의 여백	애송시화집	5,000원
■ 사랑이 가기 전에	제 5시집	4,000원
■ 시와 그림	애장본시화집	30,000원
■ 아내의 방	제44시집	4,000원
■ 잠 잃은 밤에	제39시집	3,400원
■ 패각의 침실	제 3시집	3,000원
■ 하루만의 위안	제 2시집	3,000원

【이외수 작품집】

■ 겨울나기	창작소설	7,000원
■ 그대에게 던지는 사랑의 그물	에세이	7,000원
■ 그리하여 어느 날 사랑이여		4,000원
■ 꿈꾸는 식물	장편소설	6,000원
■ 내 잠 속에 비 내리는데	에세이	7,000원
■ 들 개	장편소설	7,000원
■ 말더듬이의 겨울수첩	에스프리모음집	7,000원
■ 벽오금학도	장편소설	7,000원
■ 장수하늘소	창작소설	7,000원
■ 칼	장편소설	7,000원
■ 풀꽃 술잔 나비	서정시집	4,000원
■ 황금비늘 (1·2)	장편소설	각권 7,000원